그 날이 오면

如果那天到來

—南韓民主化進程

鍾樂偉 著

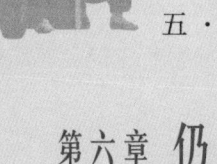

第五章 逆權曙光：六月抗爭

時間：1987年6月・地點：首爾

七

第六章 仍在逆權：地獄朝鮮的控訴

時間：現代・地點：首爾

推薦序

沈旭暉博士
GLOs 創辦人
國際關係學者、香港中文大學
社會科學院客席副教授

為甚麼南韓可以的，
香港做不到？

在香港，韓國研究本來並非顯學，由零開始，自然不簡單。鍾樂偉在其中的角色，非常關鍵。

普羅大眾對韓國興趣上升，一來是「韓流」崛起，南韓軟實力逐漸與日本並駕齊驅，不少朋友都是從韓劇認識韓國，再對這個國家、民族的種種產生好奇。二來是北韓依然是全球化時代的隱世國度，卻又經常見報，怎樣理解真正的北韓，也成了國際關係熱門課題。

八

普及這些題目的背後，並非沒有官方角色。南韓政府近年非常積極搞文化外交，國家資助種種「軟實力」項目，駐港領事館也相當積極，投放的相關資源，甚至比日本更進取。而北韓政權天天的行為，其實也是別出心裁的公關，brinksmanship外交，令它得到和國力不成正比的注視。

九

在這個可軟可硬、可南可北的新天地，鍾樂偉找到了自己，也發現當一個面向民間的公共知識分子，拓展一門學科，可能比在大學走傳統的路更有價值，也更有生活保障。他通過自己的社交平台，得到比同齡學者更大的「影響因子」，也意外令韓國研究通識課程，成為大學收生最熱門的科目之一。至於韓國政府的重視，同樣是一個只發表論文的象牙塔學者，窮年累月才有機會得到的。

到了 2019 年，韓國研究對香港，又有了更進一步的價值。雖然南韓政府因為中國因素，未有高調對香港運動表達同情，但南韓民間、學校、媒體中人，無不感到似曾相識，不少當年親身參與學運的當事人，更來到香港聲援。「逆權系列」電影被不斷重播，每一場影後座談會都有人落淚，我也主講了一兩場，不少觀眾都在問：為甚麼南韓可以的，香港做不到？

這問題，說複雜是很複雜，但說簡單也可以很簡單。答案本身，不比分析重要，究竟為甚麼？這是宿命，還是時辰未到？這時候，鍾樂偉應該再次找到韓國研究在香港的價值，儘管到了這種時勢，香港人才對國際研究感到切身，卻是一種悲哀。

陳慶德

韓國文化研究者、
《他人即地獄》作者

「應時」的逆權，
逆權的「應時」

我認識鍾樂偉老師多年，一直關注他發表於網絡與眾多

專欄內筆耕不斷的韓國研究，他所關注的議題極為豐

富，小至韓國人食衣住行、K-pop流行文化；大至兩韓

國家方針、南北韓外交與國際關係等，我於其中也受益

極多。

今日，喜聞樂偉時隔近五年，推出新書《如果那天到

來——南韓民主化進程》，著實開心，因為就我看來，這

本書來得「應時」，特別是在今年（2020年），全球各國

政局、疫情不穩之際，能讓人靜下心來，重思過往南韓民主化運動過程，深具意義。

私想喜愛韓國文化，尤其關心南韓民主化運動與進程的讀者，會從此書收穫不少。而我們從此書的目錄內，可以清楚得知此書議題，主要集中反思韓國人民「逆權」之路。

就樂偉老師角度而言，南韓國民逆權之路是從第二次世界大戰後，才開展出來的。也就因此命題，掀起了本書第一章「逆權之始：419運動」序章，乃至大家所熟悉南韓民主化過程內，極為重要的1980年代「光州民主運動」，以至當代1987年的全民逆權，同心協力促使國家民主正常化、邁向真正民主大道的「六月抗爭」。

但韓國朝向民主之路並未停歇，當社會百姓面對當代執政者濫權，諸如2016年，因閨密事件與眾多醜聞纏身的朴槿惠總統，南韓全民也聚眾發起數十場、長達多月的燭光集會，表達民氣與怒火，爾後朴槿惠也因施政大失人心、甚至傳出違法行為，慘遭到彈劾下台，現今仍在牢獄內懺悔，而這一幕現世逆權，歷歷在目。

當代南韓民眾秉持憲法保障人權精神，進行合法抗議活動時，屢屢面對警方濫用具備足以殺人威力的水炮車攻擊行徑，大感不滿，進而集結全體公民力量，促使現今執政的文在寅總統，頒佈了嚴禁使用水炮車鎮壓抗議民眾之法令，也讓人們看到韓國全民「仍在逆權」的進行式現況。

就南韓全民過往迄今的逆權之舉，想必不分國族、人種，只要堅持自由平等民主價值的人們，必心有戚戚焉，甚至面對自身國家內，若有「亂權」局勢，透過此本小書，也能振奮己心，人民逆權而撥亂反正之勝利成果，從來不是憑空而來，也非從天橫世而降的，反倒是需要人民與當權者肉搏，甚至流血犧牲生命才能換取而來的──南韓已經在歷史洪流中，成就了一個現在進行式的輝煌典範，值得我們尊敬與省思。

此外，如同前述，樂偉老師多年鑽研韓國議題，他於此書內也以深入淺出、流暢文筆，帶領讀者一覽南韓民主化進程，當然，其中更為詳細資料數據，讀者若想進一步瞭解的話，我也極力推薦各位可以透過樂偉老師的粉專（https://www.facebook.com/stevechung413/），得到更多資料。

然而，不得不提的是，此書內針對南韓民主化進程內，許多爭議人物、地點與事件，諸如一代「魔警」李根安，抑或「白骨團」、「便衣隊」等幫凶，或拷問大本營南營洞、富川警察署內的性拷問事件等，都是值得我們再三反思之處，因為這樣的「壓」制人「權」，抑或「擴」大亂「權」之人事物地點，妄想壓制、控制人民的政權，似乎不分古今中外與人種，於歷史洪流內，也反覆出現。

總結而言，此書雖為短小精作，但讓人回味再三，且我們若搭配當代南韓現況，抑或各國局勢發展來看，可說全球地球村公民們，為一個更好的時代，抑或留給下一代更好的生活環境，逆權運動仍持續發生中。

今日，喜逢好友樂偉推出新作，邀請敝人於此書付梓前，寫幾些文字分享給讀者們，自揣書中深談之處仍多，但限於篇幅，請見諒我草率佇筆於此，同時也期待讀者發揮實質購買力，支持好書創作，一享韓國民主化運動進程內的悲歡喜樂與烈士情懷。

謝謝。

　　　　慶德 敬上 2020年9月 於臺灣台中 大肚山

逆 權 之 始：
419 運 動

京畿道

江原道

首爾

忠清北道

忠清南道

慶尚北道

金羅北道

慶尚南道

釜山

光州

金羅南道

地點：釜山

時間：五十至六十年代

濟州島

二．二

戰　後　南　韓
李承晚的一人政權

一

八

南韓的逆權之路，要由二戰後說起。

經歷35年的日本殖民高壓統治以後，朝鮮半島終於在
1945年8月15日迎來光復祖國的大日子。中國、美國
與蘇聯三國政府在二次世界大戰結束前夕，曾經表明將
會在日本殖民政府宣佈投降後，容讓朝鮮半島人民實現
獨立。只可惜，就在日本戰敗投降之際，卻又出現了美
蘇兩國以資本主義與共產主義對峙的冷戰。兩國為著保

障朝鮮半島不落入對方掌控範圍，便決定分別從南北兩

方，以北緯38度為界線，佔據了朝鮮半島的兩端。

經過兩年多時間，美蘇兩國仍無法就如何處理朝鮮半島

去向達成共識，結果在美國政府的支持下，生活在朝鮮

半島南端的民眾，決定以投票的方式選出了民主政府，

並且在1948年8月15日宣佈獨立建國，建成以民主共和

政體為基礎的新國家「大韓民國」。

曾經留美推動朝鮮半島獨立運動的李承晚成為建國後的

首位民選總統。雖然憲法訂明要在國家內實行民主制

度，可是他在位後，卻陸續以維護國家安全之名，將國
內反對他執政的民眾污名化，指他們為具有親北韓與親
共產主義傾向的叛逆人士，以嚴刑峻法來大力打壓。

這種針對民眾的高壓手腕，在五十年代韓戰結束後變本
加厲。為了延長自己的執政力量，李承晚在韓戰後決定
修改原有的國家憲法，取消總統的連任限制，讓自己合
法地不斷參選總統。而在每一次的總統大選時，包括於
1952及1956年，他都透過賄賂、買票、造票，以及國
會強制修訂、賦予政府更大監控權力的《國家安全法》，
打壓反對派政黨，減低他們領袖當選的機會。

政府腐敗，民主的希望落空，為六十年代的逆權運動播
下了種子。

第一章 逆權之始：419運動

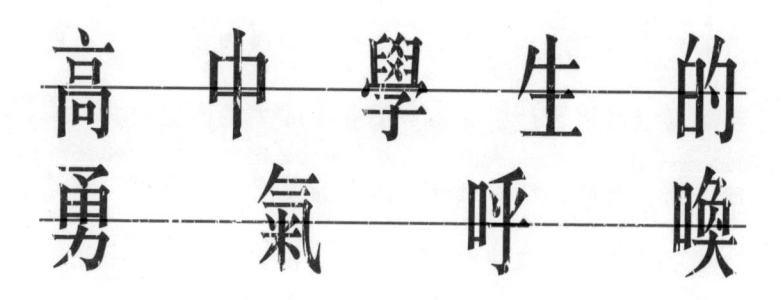

高中學生的勇氣呼喚

鼓起勇氣、克服恐懼，從來都是對抗暴政的先決條件。

正如韓國電影《逆權大狀》的主角宋佑碩一樣，他只是一個普通律師，過著賺錢養妻活兒的簡單生活。他深知，甚至比任何人都清楚，面對著洪水猛獸一樣的獨裁政權，縱然看到不公義的事也要默不作聲，與群眾保持距離，才是生存之道。

當他目睹警察肆無忌憚追打學生，把他們屈打成招，他雖然希望幫學生伸張正義，但亦不願失去自己擁有的安穩生活。最後，他看到同路人對含冤者冷眼旁觀，視若無睹，那種自責與愧疚感終於成為推動力，讓他鼓起勇氣，放下恐懼，站出來為公義發聲，改變了韓國社會。

在韓國民主抗爭歷史中，青年人往往站於社會抗爭的最前線。他們毫不畏懼，為對抗暴政甚至不介意身先士卒，為後來的鬥爭之路鋪下穩固的運動基礎。1960年2月28日，有一批高中學生為了呼喚群眾起來對抗暴政，先站出來，舉行了首場反政府抗爭運動，可說是韓國近代史上第一場真正的民眾抗爭運動。

800名韓國大邱慶北高中的學生，有感政府腐敗不堪，難以再忍受下去，決定自組「護國團」站出來，舉行首場反政府遊行。最後，雖然不少學生都被軍警監禁或帶走，但示威卻沒有停止。他們的事跡陸續傳至其他城市，大田、漢城、釜山等地的學生紛紛響應，結果促成了後來全國發動「4.19革命」，推翻了暴政。

2018年，韓國總統文在寅到訪大邱市，紀念1960年的「2.28抗爭」，肯定了當年大邱慶北高中學生對抗暴政的啟蒙貢獻：「勇氣的呼喚改變了韓國現代史的流向」。

因為有一群高中學生，放下恐懼，走上街頭，這種勇氣和正義感最後感動了全國民眾，一起改變了國家的歷史，亦證明了國民可以戰勝不公義政權。

419革命：
逆權南韓第一炮

眾多打壓當中，李承晚政權針對著反對派領袖曹奉岩施以的手段最為殘暴。

1956年總統選舉期間，領導在野進步黨的曹奉岩，標榜推動社會民主制度，對北韓態度亦較溫和，讓他曾經獲得超過兩百萬票的支持。雖然李承晚最後以各種卑鄙手段，以三百多萬票之差力壓曹奉岩成功連任，但為了除去這個心腹大患，李承晚在1960年總統大選前夕，忽然

以《國家安全法》之名，指控曹奉岩為北韓共產黨黨員，

有叛國傾向，將他逮捕監禁，並迅速執行死刑。

針對李承晚的不滿聲音，未有在大規模鎮壓後減退，反

而愈演愈烈。為了確保選舉獲勝，李承晚故伎重施，把

大批標記好的選票，裝入選舉日用的投票箱內，並在投票當天運送至點票處，以圖製造選舉得勝的結果。

1960年3月15日，在選舉結果公布當天，大批慶尚南道馬山市的市民決定自發上街，舉行集會，反對李承晚以舞弊的不法方式贏得選舉。當時，警察向集會群眾施以武力鎮壓，造成8死50多人受傷的慘劇，當中一名叫金朱烈的馬山商業高校學生，更因為被警方施放的催淚彈直轟眼部致死，屍首後來在馬山的港口被發現。

金朱烈慘死引來的民眾義憤一發不可收拾。4月19日，馬山爆發連續三天的大規模抗議活動，並進一步演變成暴力衝突。其後，示威活動蔓延至漢城，數千名來自高

麗、延世與漢城國立大學的學生，大舉遊行至青瓦台，要求李承晚立即下台。面對著十萬名以上手無寸鐵的遊行人士，警方卻向他們開槍鎮壓，造成約百多名市民死亡。

血腥鎮壓過後，反對李承晚的民怨進一步激化。4月25日，再有包括大學教授在內的民眾，不滿李承晚的軍法統治，要求他立即下台。最終，幸得軍隊與警察在關鍵一刻良心發現，拒絕向示威群眾開槍鎮壓，結果在4月29日，失去民心與美國政府支持的李承晚只能妥協，落荒而逃，即時離開青瓦台，流亡至夏威夷，成就了這場韓國人口中的「4.19革命」。

逆權烈火

光
民

州
動

京畿道

首爾

江原道

忠清北道

忠清南道

慶尚北道

金羅北道

慶尚南道

金山

光州

金羅南道

地點：光州

時間：八十年代

濟州島

進入萬年總統
朴正熙時代

1960年爆發的4.19革命，雖然把已變成獨裁者的開國總統李承晚成功推翻下台，但正當數以百萬計的韓國國民滿以為國家能重新走回建國初衷，按憲法訂明所指民眾能夠獲得一人一票直選總統的基本權利之際，這個期盼卻未能成真。

就在4.19革命發生以後，李承晚流亡海外，原本的國務總理許政順理成章擔當了署

第二章 逆權烈火：光州民主運動

理韓國總統，直至下一任總統即位為止。

1960年7月，韓國舉行了國會選舉，之前一直備受李承晚打壓的最大在野政黨民主黨成功取得了國會的大多數席位，其時該黨的領袖張勉被任命為國務總理，領導議政。當時他為了杜絕總統再次濫權的可能，決定把韓國原來憲法訂明的美式「總統制」改為英式的「議會內閣制」，而當時的韓國國會則變成上下兩院制，原有的國會成為了下議院，上議院則由參議院領導，總統便是由兩院議員共同選出。民主黨的尹潽善成為了第二任韓國總統，並建立韓國的第二共和國。

總統尹潽善為了實踐議會制的權力特色，決定下放所有權力，成為表面上的元首，而實際上的權力都移交到國

務總理張勉及其領導的內閣手上。

只可惜，韓國人民享受的民主，只屬短暫。國務總理張
勉領導下的新政府，面對著國內持續不振的經濟，社會
民生問題亦隨著民主派系內部分裂而日益惡化，最終高
舉著維持社會秩序與國家穩定旗幟的韓國軍人，便決定
發動一場軍事政變，以奪權的方式，把韓國政府從文人
手上奪取過來。

當時，作為少將的軍人朴正熙，眼見國家因為民主黨內
部的政治紛爭，陷入極大的經濟與社會危機，便建立起
「軍事革命委員會」，並於1961年5月16日凌晨，
率領大約3500名政變隊伍向總統府進
軍。其後，朴正熙要挾陸軍參謀

第二章 逆權烈火：光州民主運動

總長張都暎中將，以他的名義宣布戒嚴令，且與他聯合

要求尹潽善總統承認政變的事實。

雖然後來駐韓美軍司令與總統尹潽善曾經嘗試反抗，但

由於兩者都不願見到國家軍隊內部陷入分裂，自相殘

殺，讓北韓有機可乘；結果，兩天之後，在國務總理張勉主持最後一次內閣會議後，他宣佈全體內閣成員辭職，並接納前身為軍事革命委員會、後改名為國家重建最高會議的要求，奉張都暎為最高會議議長、朴正熙為副議長。一個月後，朴正熙宣佈以「反革命陰謀罪」為名，逮捕張都暎，正式建立屬於他個人專領的軍事政權。

發動軍事政變成功以後，美國政府一直因這場政變陷入兩難局面，一是華府自立國以來奉民主思想為最高價值，不願意看到作為其亞洲主要盟友的韓國，因為軍事政變而變成了一個獨裁政權；但同時，白宮亦深切明白，出於應對來自北韓的共產主義入侵，韓國內部需要一個強而有力的政權來穩著社會亂局，親美的朴正熙軍人

第二章 逆權烈火：光州民主運動

政權，其存在亦某程度上合乎美國在亞洲的反共國家利益。當時美國總統甘迺迪下達最後通牒，希望軍人朴正熙政變結束後，盡快把軍事過渡政權的權力，轉移回到文人手上。

1963年10月15日，朴正熙便順應美方要求在韓國舉行了「歸還民政」的總統選舉。那場選舉中，朴正熙以46.6%對45.1%的些微優勢，戰勝民主黨候選人，亦即早前已被解除權力的前總統尹潽善，當選韓國第五屆總

統，而他亦承諾會根據韓國於1962年修改的憲法，每四年舉行一次總統大選，並且規定總統只能連任一次。只可惜，朴正熙後來並沒有遵守曾許下的諾言。

1967年的第二次大選中，朴正熙再一次擊敗了尹潽善，成功取得連任。連任後，他透過所屬政黨控制當時國會的大多數席位，並修改原本限制總統只能連任一次的憲法規定，使他可以再多連任一次，亦即可多參選一次，到1971年的大選為止。而到了1971年的第三次總統大選，朴正熙動用龐大的威迫利誘選舉機器，把在野派候選人金大中，以個位數的百分點差距擊敗，成功第三度連任。

三度連任，卻未能完全滿足朴正熙的權力慾。為了讓他的政權可無限

期延續下去，就在1971年大選完結不久後，他宣稱由於國際形勢陷入極大危機，便決定向全國頒下緊急狀態令，藉此得到更大的權力。他無視於1962年訂立的國家憲法，忽然宣佈解散國會，並頒布一部新撰寫的憲法——《維新憲法》。

在新的《維新憲法》下，朴正熙的權力無限地擴大。首先，原來國民一人一票選出總統的權利，在新憲法下被取締，改為以一個名叫「統一主體國民會議」的選舉團，透過小圈子的間接選舉下產生。另外，他也被賦予新的權力，可以委任國會內三分之一的國會議員名額，名正言順地大幅度削弱國會制衡總統的權力。再者，原來的總統期限也被他修改，本來的憲法規定總統任期只有四年，但朴正熙卻把它延長至六年，並且不再設連任限

制，容讓他可以無限期地連任下去。到了那刻，韓國亦正式地進入了朴正熙的「萬年總統」新時代。

在朴正熙的《維新憲法》統治期間，前朝訂立的清晨12時至早上4時的宵禁令，仍大體繼續維持。而在新憲法下，人民原先擁有的個人與政治自由大部分都被剝奪，集會、出版、發表政治異見的自由，都不再存在。1974年，韓國《東亞日報》為了向朴正熙政府表達言論自由被打壓的不滿，在報章的廣告版內大開「天窗」。後來，韓國國家情報院決定嚴懲該報，強迫大批廣告商抽掉投放在《東亞日報》的廣告，並要求該報管理層開除部分持反政權言論的記者與編輯，封殺他們。

朴正熙政府對個人自由的侵害，

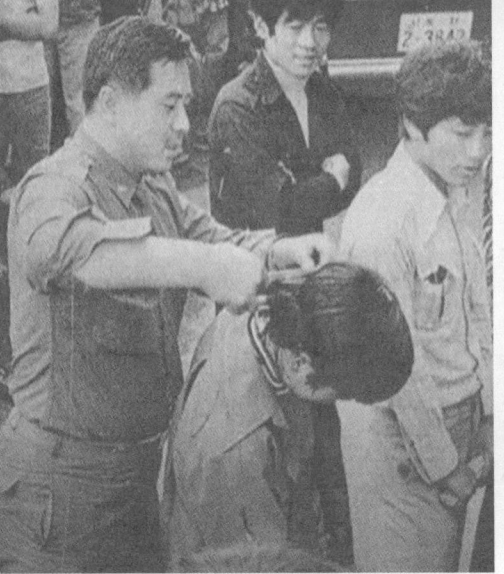

無孔不入至生活層面。七十年代美國社會大吹「嬉皮士」自由風氣，這股潮流後來亦傳入韓國的年輕世代圈子內。當時，韓國的新生代青年愛追求自由兼無拘束的生活，男的愛留長髮，女的則喜歡穿上迷你裙，但在講求社會紀律與集體主義的軍人獨裁者朴正熙眼中，這些潮流都潛在地威脅著社會的凝聚力，引來散漫風氣，甚至鼓吹年輕人只顧個人享樂，而不再願意為國家賣命的思想。

有見及此，朴正熙在全國大興道德監察之風，在市內廣設道德警察，在街上截查那些留長髮的男性，在大庭廣眾下把他們的長髮剪掉，亦立法規管女孩子不能穿高於膝蓋以上20厘米的短裙，每天派員在街頭量度少女的裙長，部分更會打量被搜查女性的大腿部位，引來民眾大肆批評。

連續壟斷韓國國家權力十數年以後，朴正熙掌控的力量已經無人能及。大部分國民亦已相信他會一直管治著這個國家，直至離世為止，跟北韓一樣，成為半個韓國的君主。

四

〇

面對著朴正熙的獨裁專政，尤其活在《維新憲法》之下，持反對聲音的民眾雖然感到無比絕望，但卻無阻他們繼續發動抗爭活動。於1979年10月慶尚南道的釜山與馬山市爆發的「釜馬起義」，正好印證出朴正熙的權力，正面對著日益壯大的民眾抗爭力量挑戰。

10月16日，釜山國立大學的學生因反對朴正熙獨裁政權繼續無止境地掌政，在釜山市內發動大規模的「反維新政權」抗爭運動。後來，得悉釜山市內的狀況，鄰近的馬山市民眾亦紛紛響應號召，聲援當地的行動。面對一發不可收拾的民眾起義，朴正熙為了阻止抗爭力量進一步坐大，便決定於兩天後在全國頒下戒嚴令，並調動附近地區的軍隊準備進城，武力鎮壓示威運動。

但就在這歷史關鍵時刻，時任韓國中央情報局局長金載圭捨身成仁，於10月26日晚上一場跟朴正熙會面的晚宴上，拿著手槍走到朴正熙的前面，向他連開兩槍，把他殺掉，把「維新政權」終結於那兩顆子彈之下。

四
二

第二章 逆權烈火：光州民主運動

二 二次軍事政變

1961年，軍人將領朴正熙發動軍事政變奪權上台，18年間不斷以高壓手段打擊爭取國家恢復民主體制的聲音。雖然他的專權王國於1979年被時任韓國中央情報局局長金載圭的子彈摧毀，但舉國上下的民主夢卻未有隨朴正熙之死而到來，反而是另一將領全斗煥再一次借國家不能陷入紛亂、以免被北韓有機可乘的藉口，發動第二次軍事政變，並以鐵腕與毫不人道的血腥手段，以子彈與坦克武力鎮壓在全羅南道光州市爆發的民主運動。但一場屠城

鎮壓未能撲滅廣大國民爭取民主與自由的熱忱，反而鼓動了更多大學生於八十年代投身民主運動行列。他們不怕槍林彈雨，冒著性命危險，也要試圖推翻全斗煥的獨裁體制。

回說過去，其實全斗煥的冒起，不全然是偶然發生，而是在他精心部署的計劃之中，一步步地實行出來。1979年10月26日晚上，獨裁者朴正熙被暗殺以後，按照原有《維新憲法》第48條規定，原定韓國的國務總理，便會依照憲法擔任臨時的代總統一職。當時的國務總理崔圭夏便順理成章成為了暫時代行的國家總統。

就在崔圭夏管治韓國期間，文人出身的他，為了讓韓國社會恢復原有

和平秩序，便決定先取消《維新憲法》，讓民眾重獲應有的生活自由。另外，他亦決定釋放包括金大中在內、大部分在軍事獨裁年代因抗爭而被判入獄的政治犯。一時之間，社會回復了大眾期望的和平局面。

同年12月6日，按照原訂選舉團的選舉辦法，韓國舉行總統補選，結果當時甚得民心的崔圭夏獲得大部分選舉代表的支持，成功成為下一任的國家總統，結束了長達18年的「維新時代」，並建立了「第四共和國」。

只可惜一切都是曇花一現。在調查暗殺前總統朴正熙一事上被安排擔當聯合搜查本部長的陸軍少將全斗煥，恃著權力在手，於12月12日凌晨派出搜查本部部隊，在未得到崔圭夏的同意下，前往時任韓國國家參謀總長兼

戒嚴司令鄭昇的官邸，並立即予之逮捕。其後，他又再調動軍方內部人員，包括由盧泰愚少將統率的第九步兵師、鄭鎬溶少將統領的第五十步兵師，還有其他空降部隊，向國防部與陸軍本部進逼，雙方爆發激烈衝突。

結果，抵抗叛變的鄭昇和上將被逮捕，連同鄭柄宙少將在內數位軍方將領亦被殺害，最終國防部與陸軍本部同時落入全斗煥手上，使他一下子躍升為國家以武裝實力來說地位最高的領導人。

踏入1980年年初，韓國多地因不滿全斗煥而相繼爆發了大規模的示威遊行與集會，其中，首都漢城的抗爭運動數月間未曾止息，群情激憤。當時，不少海內外媒體都把當刻

漢城的情況跟1968年捷克首都的「布拉格之春」社會運動相提並論，並冠上「漢城之春」之名。

抗爭運動一直延續至5月。由全斗煥建立的新軍部為了盡快壓制日復一日針對著其權力正當性的示威活動，決定在5月17日向全國頒布緊急戒嚴令，除了禁止民眾公開發表任何政見言論，亦取締所有國民主辦集會活動的自由，後來也逮捕了包括金大中與金泳三在內數位反對派領袖。全斗煥更加宣佈大學即時停課，禁絕大學生回到校園舉行任

何活動，希望以全方位禁制的方式，讓民眾抗爭的空間不再存在。

在緊急戒嚴令下，全國大部分的抗爭行動都被壓制下來，只剩下全羅南道首府的光州市群眾無懼戒嚴令，數以萬計的市民繼續上街，而就讀在光州全南國立大學的學生們，也未有理會政府的停學令，繼續返回大學校園，跟老師在一起，與軍人在校園門外對峙，並且大喊「全斗煥立即下台」的口號，繼續抗爭。

四
八

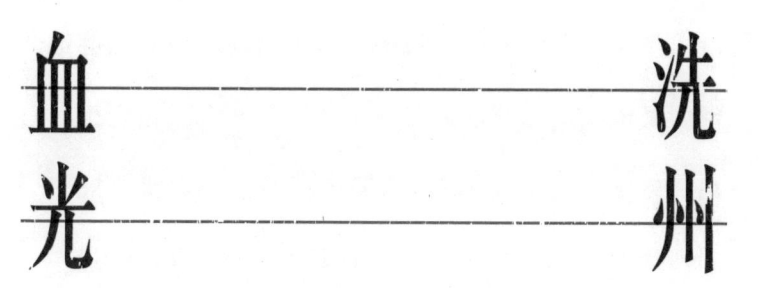

血光洗州

為了對抗在光州的全南國立大學、朝鮮大學與市內多間高中與天主教中心外聚集的示威者，被派遣到光州的特種部隊開始以木棒與其他武器追打並驅散示威者。從那刻起，獨裁政府便決定不惜以武力方式，也要徹底把光州的起義之火撲熄。

從5月18日至5月20日短短兩天，特種部隊已全面圍困光州，只要有民眾上街，甚或路經，軍人便不問究竟以警棍與槍刺追打那些市民。而正因為軍人無差別地進

行攻擊，大批受傷市民被送入醫院治理，對原已群情激憤的民眾來說無疑是火上澆油。到了5月20日晚上，有民眾見當地的MBC電視新聞，竟然偏頗地報道只有一名市民迄今因抗爭而死亡，卻隻字不提軍人濫殺無辜，便怒氣沖沖地湧到電視台大樓內放火，以表示不滿。

另外，亦有一大批的士、巴士與貨車司機目睹這種景況，晚上便駕車去到光州市中心的全羅南道道廳前地停下，阻攔軍人推進。軍人後來便向那些義憤填膺的司機施放催淚彈驅散，並逐一把他們從車上拉下來毒打。但鎮壓的消息傳開以後，卻引來更多市民前往道廳聲援司機行動。據說當時已有軍人向市民開槍的情況發生。

到了5月21日下午一時，站在錦南道前的特種部隊軍人收到來自全斗煥新軍部下達的指令，決定向在他們面前大呼「全斗煥下台」口號的學生與市民開槍鎮壓。同時，部分軍用直升機更向地面爭相走避的人們無差別地亂槍掃射，造成大量民眾死傷。為了抗衡軍隊的武力鎮壓，部分示威者衝進光州市郊的警局與國家後備軍營的軍火庫搶去一些武器，自組臨時民兵團，與軍人對抗。

當天晚上，原先佔據了全南道廳的軍人跟民兵團駁火後，便決定稍為撤離市中心一帶，等待援兵到來。在5月22至26日期間，光州市面以新成立的自治委員會管理，市民無分彼此地為大眾提供食物、物資、交通與醫療等支援。雖然沒有警察，但

在那幾天內，竟然連一單搶劫案也沒有發生，市民自發地守望相助，光州那刻真正建立了一處人間罕見的烏托邦模樣。

雖然市面上大致平靜，但自治委員會跟守在近郊軍人間的談判，卻未見有解決問題的跡象。軍人一直要求自治委員會立即把民兵團早前搶去的武器交出，但民兵團跟自治委員會在應否繳械問題上，出現意見分歧。最終，雖然民兵團大部分成員也願意把原先搶去的槍械交出，但也有少部分寧死不從、堅持以武力抗爭到底。

5月26日晚上，守候在市郊的軍人已準備就緒，即將重整旗鼓揮軍入城，血洗光州市。翌日清晨，特種部隊再次進城，跟留守在全南道廳大本營的死士發生激烈衝突，

勢孤力弱的民兵最後全數死於軍人的槍彈之下，在一個半小時內，軍方重新控制道廳，結束了長約十天的光州起義。

迄今為止，還沒有一個客觀的數字證實這場光州事件實際上造成多少人命傷亡。官方數字指有160人死亡、64人失蹤、2948人受傷與1346人被捕；但據其他非官方途徑統計，實際的死亡人數遠比官方公佈的超出更多，約有1000至2000名平民死於這場抗爭運動之中。

二.四

留守在全羅南道道廳的二人

5月22日光州屠城以後，戒嚴軍稍為退出光州市中心，留守在近郊位置，那幾天，光州市面上大致平靜，民眾雖被軍隊圍困，對外斷絕聯繫，但他們反而更團結地互相幫助，從食物分派、資源共享，以至捐血救急等等，都願意把自己所有的與他人共享，而市內雖然沒有警察，但那幾天連一樁偷竊案也沒有發生，是名副其實的烏托邦式社會形態。

只可惜那種社會狀態只維持了數天，四天後的5月26

日傍晚，光州抗爭的市民團體便齊集在全羅南道道廳的大本營，為回應軍隊可能再一次入城的傳言，召開了緊急國內外記者招待會，由時任「民主鬥爭委員會」的發言人和光州人民代表尹祥源主持。

雖知道跟軍方的力量極為懸殊，再多的反抗也只不過是螳臂擋車，但他跟記者這樣說：

「今天我們將在這裡失敗，但是未來的歷史上，將會把我們記錄為最終的勝利。」

「我們光州人民，將會奮力抵抗至最後一人為止。」

最後，尹祥源決定繼續留守在道廳的大營地前，至翌日清晨，戒嚴軍殺入道廳大樓內，爆發激戰，他的屍體被發現在二樓的信訪室內。

尹祥源當年所說的話，到了二十多年後的九十年代中後期終成事實——光州起義被國家封為對民主建設帶來貢獻的正面事件，是人民與民主的勝利。

而死守在道廳內的，除了有尹祥源，還有一位年輕人，他的名字叫文載學。當年文載學只是一名就讀高中一年級的16歲學生。就在光州5.18民主運動爆發以後，文載學一直都以在學學生的身份到全羅南道道廳為民眾提供協助。

到了5月25日，文載學得知自己的好友兼同學楊昌根在示威期間遭戒嚴軍開槍射殺身亡後，痛心疾首的他整日都留守在道廳內。隔天晚上，當得知戒嚴軍有機會再次入城，文載學的母親金吉子因擔心兒子的人身安全，曾經親自前來道廳希望把兒子帶回家，但文載學以一句「不要擔心我，媽媽。昌根都那樣了，我怎能這樣就回家呢？總之我會趕在晚上回來的，有朋友會駛車來載我，到時候再走吧，別擔心，走吧 。」說服了媽媽先離開道廳回家。

結果，當夜文載學的父母接到兒子致電說「車停了，回不了家」的消息。在27日的清晨，戒嚴軍殺入道廳，依然留守的文載學被軍人以M-16步槍開槍射死，肚子和

脖子中彈，下巴部分骨折等，死狀慘不忍睹。

27日的早上，文載學的父母來到道廳希望搜尋兒子的
下落，但由於當時情況極混亂，結果到了十天以後即6
月6日，經文載學的班主任引路前往望月洞的墳墓，才

https://youtu.be/A5vj4DbvcSM?t=1

https://youtu.be/dac6S5oPbFo?t=156

確認了文載學的死訊。當他的父母知道兒子已死，傷痛欲絕，而這段內容，也曾經收錄在韓江的小說《少年來了》之內。

第二章 逆權烈火：光州民主運動

《光州日報》頭版：
「無等山也知道！」

1980年5月，光州的媒體面對著極權的步步進逼，從審查節目內容開始，到查封媒體，一天比一天更肆無忌憚地收緊言論與新聞自由。代表光州人民發聲的《光州日報》，在戒嚴軍5月21日血洗光州起，一直被軍人查封，禁絕了出版足足十天。

禁報期間，全市內所有的報刊，無一不被收編，全都以一式一樣的「光州暴亂」來描繪市內發生的抗爭運動，不但沒有如實報道情況，更隻字不提平民被軍人打死的真相。

軍人在光州的殺人所為

「我們全都知道！」

光州5.18四十周年

民主市民의 矜持 無等山은 알고있다

無懼打壓　光州報刊誓與獨裁對抗

六
二

當時，軍人拿著機關槍進入印報室，一手阻止報人把刊有真實消息的報紙打印出來，另一手則把拳頭揮過去，一一把那些敢言的記者與編輯打傷，再趕出報館，拉到偏遠的扣留所繼續毒打。

但是，拳頭再硬，也不能擊潰記者與編輯把真相公諸於世的無比決心。到了6月1日，亦即《光州日報》被停刊後的第十天，雖然仍在戒嚴期間，但軍人暫時解封報

館，使他們能夠復刊。6月2日，《光州日報》無懼打壓，把光州屠城的種種在當天的報章頭版上羅列出來。

當想到軍人拿著槍枝瞄準他們的頭顱時，記者們當然害怕，但最後，他們也決定把應該要說的事說出來。當時，頭版的標題為「無等山也知道！」，這是詩人金準泰其中一首詩的題目，意思即是作為光州的守護名山，無等山都對當年戒嚴軍人的殺戮行為無所不知。

無需多言，看到這六個字的題目，光州市民都了然於心。

而正文也寫上了「告訴各位讀者，我發誓，在那些無法用言語形容的巨大慘劇面前，我會作出回報的」，另外，也有一段寫到「以全體員工名義，希望光州事件犧牲者們冥福」，表示哀悼。

子彈掃射後，軍人滿以為光州已成為他們的囊中之物，但6月2日的《光州日報》頭版，正好證明了人民不會輕言放棄對抗，因為守護著這座城市的山嶺，也知道軍隊的所作所為，不會讓真相埋藏下去。

六

四

第二章 逆權烈火：光州民主運動

一・六

朴正熙與全斗煥
以國家安全之名

八十年代初，韓國社會乘著經濟起飛之勢，民眾的生活條件漸見改善，但就在欣欣向榮的表象之下，寬容卻鮮見於國民臉上，街頭更是籠罩著一股不安的氣氛，日與夜的對比尤其明顯。七十年代的夜間宵禁令，早於八十年代初由獨裁總統全斗煥全面解除，晚上夜夜笙歌的景象得以恢復，但白天的漢城，卻是另一個充滿警民劍拔弩張對峙場面的戰場。

兩個鐵腕強人朴正熙與全斗煥的軍人高壓管治，共通
點是無時無刻把北韓入侵說成是最大的國家安全威
脅。當然，在那二十多年的光景，北韓的確曾經多次
向南韓來犯：1968年北韓領袖金日成曾經南派一批死
士滲入南韓，執行暗殺朴正熙總統的「青瓦台任務」；
1974年朝鮮裔日本人文世光，受在日朝鮮人總聯合會
官員資助，在朴正熙演講期間試圖開槍行刺。

朴正熙與全斗煥借助這些事件，把國家安全提升至最高
級別，任何形式、有嫌對社會治安與國家穩定帶來衝擊
的人和事，都會被視為對國家存亡的挑戰，政府會以最
嚴厲與殘酷的手段，把這些「劣根」掃除。

那個時代，大量學生閱讀了從西方社會傳入、象徵著民主思潮的作品後，希望南韓能在經濟層面步入發達國家之列時，自由與民主建設也能同步愈趨開放。因而，大批大學生便決議向獨裁者爭取更大的自由空間，發動了接連不斷的抗爭運動，這亦是韓國民主運動的萌芽之時。

在獨裁者眼中，無論是來自北韓的入侵，還是大學生對民主的訴求，都是衝擊他們管治的最大威脅。既然在那個時代，維護國家安全是無可質疑，朴正熙與全斗煥便決定順水推舟，把所有爭取民主的聲音都妖魔化，說成是親北韓勢力背後策劃、以圖分化南韓社會、最終有意解放南韓的叛逆陰謀，因此政府必須防微杜漸，以最強大的力量把這些滋事分子斬草除根。

尤其是八十年代，學生民主運動日益壯大，全斗煥政權便以鞏固國家安全之名，成立了一個專門針對大學生的警察部門——位於首爾市中心南營洞的「治安本部反共分部」，透過高舉反共的旗幟，肆無忌憚進入大學校園，捉拿大學生領袖，把他們送進南營洞，並以酷刑等拷問方式，把他們屈打成招，說自己是受北韓指派的特務，最後以違反《國家安全法》的罪名，嚴厲懲處。

南 韓 暴 政

關 鍵 詞

京畿道

江原道

首爾

忠清北道

忠清南道

慶尚北道

金羅北道

慶尚南道

金山

光州

金羅南道

濟州島

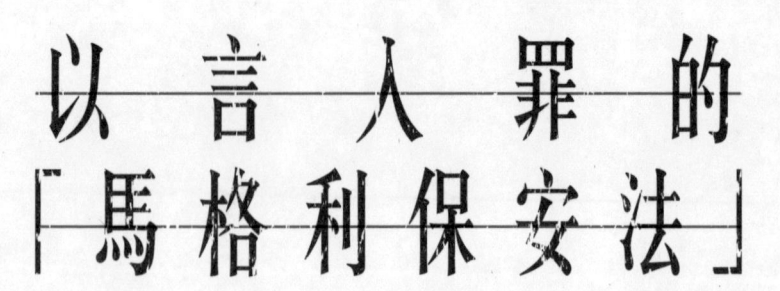

以言入罪的「馬格利保安法」

七
〇

活於軍人獨裁年代的韓國人,當然面對過警方砌詞、肆意濫捕的黑暗日子。

為了打擊民眾爭取民主的訴求,韓國政府早於戰後階段,已立法透過引用《國家安全法》,針對市民一些言論與行徑,妖魔化他們為親敵對國北韓,或對金氏政權展現出同情的態度,有顛覆國家之意,危及國家安全,並以言入罪來重判相關人士。

第三章 南韓暴政關鍵詞

大部分民眾根本不存有親北韓之意，只是單純為了爭取民主自由，卻反過來被政權砌詞捏造，無故被打成叛國賊。當中有不少人都只是喝醉了酒，生氣地罵罵人，或者用黑色幽默來讚揚北韓，就這樣被警方抓走；因此，韓國人都稱這條《國家安全法》為「馬格利保安法」，意思是不少人都因為喝了韓國馬格利農民酒，說了些話，便被無理入罪。

例如1968年時，有一名廚師因為說了句「為甚麼要欺負善良的人？共和黨（當時韓國的執政黨）不如共產黨」，就被警察帶走。

1970年時，有平民因受政府重建影響，家園被無理強制清拆，一時氣上心頭，便向拆遷人員說了一句：「你們通

通都是比金日成還要壞的傢伙！」結果，政府指他這番話暗示了北韓比南韓有更優越的行政能力，亦包含了他想到北韓生活的意願，相當於反國家團體的行為，將他以違反《國家安全法》入罪。

又例如1986年，一位金姓男子在他哥哥的七旬壽宴結束後，喝得酩酊大醉，與巴士司機就車費發生糾紛，無意間就說了句：「我是共產黨，共產黨有甚麼不好？」結果就因為這句說話被捕，並在一審中被判犯了《國家安全法》，判了兩年有期徒刑。

富川警署性拷問
點燃抗爭怒火

韓國警隊對女性示威者的鎮壓來得更可恥，當中以針對女大學生的「富川警署性拷問」事件最令人難以接受。

事件發生於1986年，主角是漢城大學醫護系四年級女學生權仁淑。權仁淑由1985年春天開始，為了推動「勞學團結」，決定加入工廠，與工人一起策劃抗爭運動，並以化名與假身份，進入京畿道富川市的天然氣公司工作。直至翌年6月4日，她在參與抗爭活動期間，因涉嫌偽造身份證被警察拘捕，被帶到京畿道富川警察署扣查。

扣留期間，富川警察局探員文貴童在6月6日凌晨和7日深夜，連續兩次追問權仁淑有關其他抗爭人員的行蹤。據權仁淑所指，文貴童要她脫去衣服，打弄她的上胸，並用手摸她的陰部，更拿出自己的生殖器，對著她的陰部搓動數回，侮辱且強迫她供出有關資訊。

後來在律師協助下，權仁淑向法院控告文貴童性暴迫害，可惜不只一次被駁回，檢方更以權仁淑是「不良分子」且被激進左傾思想所污染、甚至利用性羞恥作虛構謊言的惡語為由，否定她所有的陳述，更反過來判她入獄18個月，文貴童則罪名不成立，不予起訴。

七四

第三章 南韓暴政關鍵詞

判決一出，法院偏頗的立場即時引起全國民眾憤怒。市民群情激憤，痛斥審判顛倒是非黑白，未有保護女性權益。後來，為了保護被捕入獄子女而成立的家長團體「民家協」決定挺身而出，一直守衛在權仁淑身邊，陪伴她繼續向公眾爭取輿論支持。

直至1987年六月抗爭成功後，大法院終於在1988年2月9日接受了裁定申請，而文貴童在重審下改為被判有罪，判處五年有期徒刑。

富川警署性拷問事件是一場22歲少女與暴政正面對決的戰爭，可幸最終取得勝利。權仁淑被警察以不道德和蹂躪人權的方式對待，赤裸裸地暴露出軍政府極其醜陋的形象，亦勾起民眾的怒火，決定向官方宣戰，誓要建立民主政制來撥亂反正。從這宗事件看來，民主之火的點燃，追本溯源是出於侮辱女示威者。

七

六

白骨團——警察體制外的有牌流氓

韓國警隊鎮壓示威者向來以暴力見稱，而在八十年代期間，因為學生運動力量巨大，連基本警力也應付不了，結果警方便選擇向外部力量尋求協助。

全斗煥政府特意在正規警隊以外，挑選了一群體格健壯、個子高大、有武術底子，並曾在軍隊精銳部門，特別是特戰司令部和海軍陸戰隊出身的人士，成立一隊主要打壓示威者的特別部隊，稱為「白骨團」（백골단），成為鎮壓學生運動的主要力量。這批在傳統警察制度以

外、以首爾市市長名義組成的白骨團，正式在1985年8月，亦即學生民主運動抗爭最熱烈之時成立。

稱為「白骨團」，主要因為他們的打扮與一般警察大有不同。白骨團全是輔警，而為了加強機動性，他們不會如正規警察般穿上正裝，而是作便服打扮，包括穿上輕便外套、運動長褲或牛仔褲，以及方便跑動的運動鞋。他們還會戴上白色電單車頭盔，並手持自製武器如木棒、球棒、木劍與鐵管等等。

白骨團成員都是精挑細選，體力好、奔跑速度亦高，在鎮壓學生時，都會先守在車上，待警察向示威者施放催淚彈後，他們便會突如其來從附近的車上衝出，向學生方向追去，以高速奔去學生之處

七八

追打。不少示威人士被他們抓著以後，都被打至半死，而白骨團盤問示威者時，也多以嚴刑逼供，甚至砌詞屈供誣告，例如有些學生只是初次參與示威，沒有擲石，卻被他們屈打成招，當作暴徒，被嫁禍曾向警察投擲燃燒彈等罪行；因此，白骨團曾一度和恐怖部隊「齊名」。

有關白骨團最臭名遠播的歷史，不得不提1991年4月明知大學學生姜慶大被打死的事件。姜慶大當年參與反盧泰愚政府的集會，在警方追捕下逃跑，不幸被白骨團抓住，隨後被毆打致死。另外於1996年3月，延世大學學生魯秀碩同樣在白骨團鎮壓過程中被打死，警方後來竟以魯秀碩患有先天性心臟異常的死亡驗屍報告，來證明對方「死於意外」，企圖推卸責任。魯秀碩家屬後來在1999年透過民事向警方提出訴訟，只可惜法院未能在警

方過度鎮壓和盧秀碩的死亡之間，建立任何因果關係，最終判死者家屬一方敗訴。

無論是當年還是今天，白骨團都會令人聯想起獨裁時代的權威，是讓示威者聞風喪膽的恐怖集團，不過，他們的存在未有成功鎮壓民主運動，很多人認為隨著這些便衣逮捕組加入暴力鎮壓行列之後，學生們為著反擊，示威也因此愈加激烈，投擲木棍、石頭和汽油彈等等變得更加普遍。

踏入1996年以後，隨著韓國警方成立特殊機動部隊，還有在1999年開始，韓國警方幾近不再在示威活動上使用催淚彈以後，白骨團的名字也開始消失在韓國社會。直至2008年，韓國爆發反李明博

八〇

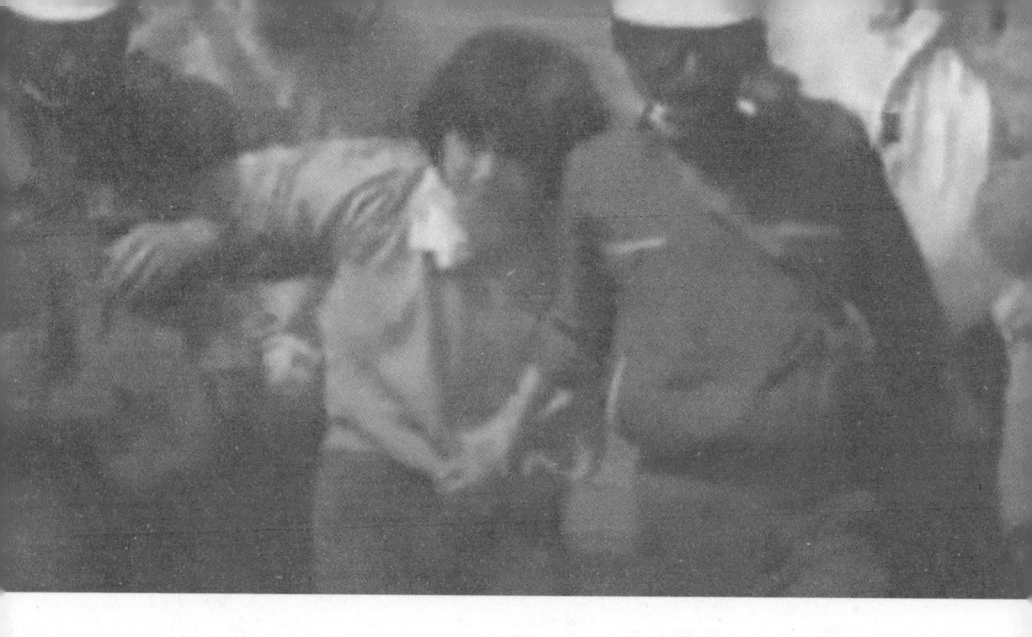

總統的燭光集會，後來保守派控制的韓國警方再次招募千多名便服機動志願者，專門負責鎮壓示威活動，類似白骨團的部隊才再次出現。

雖然白骨團已成為歷史，韓國警察不再以編制外的「流氓」來執行警察任務，但韓國警隊針對示威者的鎮壓，在特殊機動部隊手中，仍維持著一定的鐵腕，如2015年農民白南基被警方發射的水炮致死一事，便最赤裸裸反映出警隊濫用暴力的問題。

參考：https://bit.ly/2XNIGQQ

三·四

便衣隊——煽動及涉透群眾的「鬼」

八二

軍警核心為了鎮壓群眾抗爭而使用民間非主要編制內的力量，白骨團不是首次。

1980年光州的「5.18民主抗爭運動」期間，時令軍隊主帥全斗煥亦曾私下統籌過一隊以便衣為包裝，用以煽動群眾走向暴力化的小型編制部隊，稱為「便衣隊」（편의대）。

第三章 南韓暴政關鍵詞

1980年5月，在全斗煥集團（又稱新軍部）篡奪政權的最後階段，接連不斷地爆發民眾抗爭運動的光州，成為他穩定政權的最大絆腳石。為了盡早解決此心腹大患，全斗煥決定封鎖並孤立光州，以便早日平息當地的民眾抗爭。

在5.18民主化運動39周年之際，5.18光州民主化運動記錄館便公開了資料，顯示全斗煥曾經成立過一隊比空降部隊的槍刀更狠毒與狡猾的「5.18便衣隊」。

便衣隊會偽裝成市民，以間諜身份滲入民眾，散佈流言蜚語、捏造事實，甚至煽動民眾搶去警槍走向武裝化，來符合軍隊把光州民眾妖魔化為「暴徒」、光州為「暴動之都」的劇本，讓軍隊出師有名，大規模殺害平民百姓。

根據光州「5.18紀念財團」獲得的軍隊內部文件資料，這批便衣隊原是來自新軍部的軍人，接到當時司令官全斗煥下達的命令，於5月19日清晨起，由當時被稱為「防空領域國內第一人」、全斗煥的得力友伴洪大校統籌，帶著30至40名身穿平民服裝的軍方情報員，乘坐軍方運輸機進入光州。

當時，這批間諜在光州市內主要地點營運了23個情報中心，掌握示威的情況，包括示威群眾的位置、武裝情況，並整理抗爭群眾內部的團體運作動向。便衣隊更投入了一批「攝影兵」，選擇性地拍攝示威場面來捏造事實。

八四

此外，便衣隊亦滲入到群眾之中，特別在發生屠城慘劇以後，他們煽動群眾情緒，並誘導他們採取更激進行為，甚至發起暴動，以圓滿軍隊「以暴制暴」的劇本。

事實上，雖然曾有一批光州民眾一怒之下建立「市民軍」並搶去警槍，但後來在其他市民的勸服下，他們還是主動歸還或銷毀手上的武器，使那「光州十天」抗爭中，連一間金店或銀行被盜的事件也沒有發生過，讓軍隊那「暴民之都」的劇本未能成功。

不過，透過間諜在市民軍內部進行的滲透工作，軍方成功掌握了每一位民兵的個人資料，最後亦是靠這些情報內容把他們一網打盡，令運動失敗收場。

可幸的是，全斗煥這些卑劣行為，在40年後的今天終於被公開，讓真相水落石出，還受害人一個公道，並把責任追究到底。

參考：https://bit.ly/2NzSPiv

第三章 南韓暴政關鍵詞

三・五

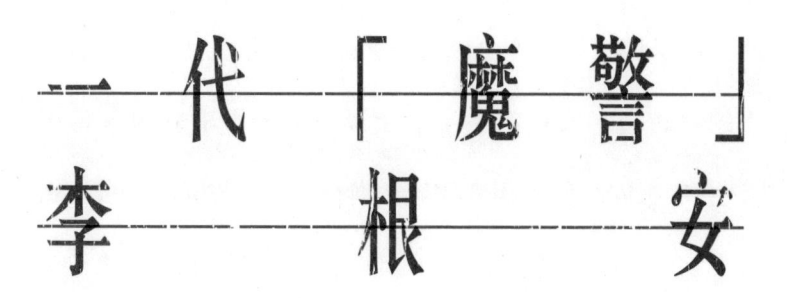

一代「魔警」李根安

八十年代軍事獨裁還容讓了一個喪心病狂、肆意向學生嚴刑拷打的「魔警」李根安。

當年擁有巨臂、寬闊肩膀與古銅色皮膚的李根安，七十年代加入韓國警隊成為巡警，後一直隱瞞身份處理反共領域的工作。他1984年晉升為警監，以嚴刑向學生逼供的手法聞名後，地位便慢慢提升，開始聲名大噪。

他對待學生的手法冷血凶狠，又逼令大批學生領袖簽署虛假的自首書，成功鎮壓示威活動。韓國警圈就曾經傳出「沒有李根安，反共調查便無法進行」的說法。而李根安在八十年代為全斗煥政權效力期間，因其鐵腕手段，使他深得政府的信賴，並曾經多次獲得政府頒發的嘉勉獎項。

像李根安這樣在警隊、檢察院、安企部與軍隊偵查機關中的「顧問人員」多不勝數，不少甚至連姓名等身份也不清楚，但是在韓國警隊歷史上，曾經留下「顧問技術員」惡名的警官，包括李根安在內其實只屬極少數，再加上李根安亦曾被傳召至法庭受審，還有數十年來，大量曾被他虐打受傷甚至被殺害的異見人士，他們的遺屬和民間團體接連不斷地向他提出訴訟，爭取平反，令他在當時韓國社會上惡名遠揚。

八
八

據當時親歷酷刑的受害人回憶，李根安是一個冷血的盤問專家，用棍棒毆打已是最能忍受的一種酷刑。他使用的拷打方式多樣又毒辣，不僅不讓受害人睡覺，亦使用水刑和電刑等手段。另外，像「烤雞」般把囚禁人士的手腳綁在木棍上，讓身體凌空同時灌水拷打，也是李根安研發的毒辣手腕。最讓男性受害者感到痛苦的，是他會把圓珠筆芯插進囚禁者的尿道裡，令他們尿道發炎，或是使尿液倒流而破壞腎臟，相當駭人聽聞。

眾多不幸遭李根安虐待的示威者中，被譽為韓國「民主化之父」的學運領袖金槿泰，其回憶錄最鉅細無遺。他曾公開憶述當時的情形：「他（李根安）使用電刑，讓強烈的電流通過我的身體，為了抵抗，我忍著痛楚，並以牙齒咬緊舌頭。過後，一種頭像要裂開的疼痛襲來，再加上蜂擁而至的恐懼感，還有死亡的陰影，簡直是比死更難受……」

遭李根安拷問過的學生，不少也抵受不著這些虐待，迫不得已撰寫虛假的自首書，帶著間諜的罪名，含冤被關押在教導所裡。出獄後、直到民主化成功之前，他們還受到警察及情報機關的嚴密監視。因拷問而造成的創傷後遺症及殘障當然少不了，亦有部分患上嚴重的精神問題，甚至自殺，足見李根安

九
〇

所犯下的道德罪行，簡直是滅絕人性。

一切的改變來自1987年6月29日，韓國成功推翻獨裁政權，並建立民主體制。1988年底，金槿泰首次向法院提出訴訟，控告李根安。一年後，民主化後的檢察院便開始組織一隊「李根安專案抓捕小組」，負責處理他曾犯下的虐殺罪案件，可是調查小組一直無法找出李根安的下落，坊間曾傳出他已自殺，或是偷渡至別國，甚至已整容成另一模樣。

直至十年後的1999年，李根安突然出現於水原地方檢察廳城南支廳門前，決定向檢方自首，才被正式問罪，被判處七年有期徒刑。當年，他在監獄前向傳媒自白：「自己對社會感到很愧疚，希望以後努力過著有信仰的生活。」

2006年，李根安刑滿出獄，並曾經寫道：「很抱歉在社會上引起了爭議，那個時代我以為自己是愛國，但現在看來卻是逆賊。」後來，他宣稱獲得信仰，在大韓耶穌教長老會成了為牧師。

可是，他是否真的改過自新值得商榷。金槿泰曾經遇到出獄後的李根安，當時李根安哭著請求他的原諒，但據金槿泰所言，對方哭的樣子「太假」，令人難以信服他已誠心改過，所以沒能原諒他。再後來，李根安指自己「不是拷問技術者，我是愛國者」「愛國不是可以推給別人的事情，即使現在馬上回到那個時候，我也會如昔日一樣工作」，招惹起不少國民的怒火。

2012年，金槿泰離世，始終沒有原諒李根安，而安排李根安擔任牧師的教團亦受到指責，大韓耶穌教長老會最後表示，不承認李根安為正式的牧師。

參考：https://bit.ly/2XNej1C

三・六

南營洞——有人
無出的拷問場所

九四

「有命入，無命出」是八十年代韓國人對位於首爾市中心的警察治安本部反共分部（又名「南營洞」）家喻戶曉的寫實描述。

早於1976年建成的南營洞反共分部，由韓國著名建築師金壽根設計。原初的南營洞樓高五層，到了1983年增建至七層。當年，大部分大學生都是被警察蒙著眼睛押上貨車，在根本不知道自己被送到哪裡的情況下，被押送到南營洞。而到達後，他

第三章 南韓暴政關鍵詞

們多是被強力扣押，經過後門那條旋轉樓梯，一層一層地爬上位於五樓的拷問處。那條樓梯採迴旋形設計，據說是要使被蒙眼的人弄不清自己被送到哪一層，讓他們猶如身處迷宮之中，增加恐懼感。

拷問處共有15個一式一樣的審問房。每一間房都不是門對門設計，而是斜對，目的是不讓被扣押在房內的人能夠互相對望、互通訊息；另外，房內都設置了浴缸、抽水馬桶、床、椅子和書桌，而房內只會有一道狹窄垂直的扇窗，同樣為了不讓外間透過門窗窺探拷問的情況。

南營洞種種設計，都是為隱瞞政權對學生使用殘酷拷問而設置。

前文提過的民運領袖金槿泰，就曾被警察押在南營洞，以多種酷刑如水刑、電擊等方式毒打了22天。他被釋放後，韓國廣大群眾才能從他口中得知南營洞的恐怖實況。至1987年，首爾大學生朴鍾哲在南營洞被警察以水刑拷打致死，亦是南營洞惡名昭彰的原因之一。

時至今日，南營洞改建成由民主化運動記念事業會管理的人權保護中心，建築物內外大致保存著舊貌，那條從地面至五樓的旋轉樓梯依舊存在，而五樓的拷問室，大致保留原來模樣，只是當年朴鍾哲被打死的505號房，改建成悼念處；二樓則改建成朴鍾哲烈士紀念館，他的遺物、當年寫的親筆書信與其他媒體報道內容，也保留下來。

三.七

從兩名韓國學生死於催淚彈下說起

催淚彈是警方常常用於驅散群眾的工具，但是實際上，如果在發射過程中警方不依指示向天上施放，而是直向群眾發射，其衝擊力足以殺害市民。韓國政府已於1998年宣佈禁止再以催淚彈來驅散示威民眾，原因是他們痛定思痛，深明並汲取了催淚彈可殺人的教訓。

對韓國來說，催淚彈的歷史，就是「殺人的歷史」和「犧牲的歷史」。

1960年4月11日上午，韓國慶尚南道南部的馬山前海，發現了一具眼睛被催淚彈直插弄爆、死狀淒慘的浮屍。經調查發現，這位死者就是大約在一個月前的3月15日，參加抗議李承晚政權選舉舞弊示威後失蹤的高中生金朱烈，死時他只有17歲。

27年後的1987年6月9日，離國民和平大遊行還有一天，當日延世大學的新村校區有學生舉行「延世人出征決議大會」，約有一千多名學生參加。在「廢除護憲、打倒獨裁」的吶喊聲中，一名身穿印有「YONSEI」字樣T恤的男生，頭部流血倒下。他是延世大學經營系學生李韓烈，被警察發射的催淚彈擊中後腦，送往延世大學附屬醫院急救，可惜於不足一個月後的7月5日離世。

八十年代的韓國警方經常使用催淚彈，民眾幾乎每一天都飽受催淚彈煎熬，有一說法指當時漢城市內，每一寸空間都籠罩著催淚彈刺鼻的氣味，令人難以呼吸。

就在1987年的6月18日，當時的民主憲法爭取國民運動本部，便宣佈當天為「催淚彈驅逐日」，阻止警方再向示威群眾發射催淚彈，造成不必要的人命傷亡。當中，集會者便在現場大喊「我想生活在一個沒有催淚彈的國家！驅逐催淚彈！」的口號，來喚醒那些前線警員的良知，希望他們不要再施放催淚彈，為社會帶來更大的破壞。

八十年代的漢城，曾經被外人稱為「催淚彈之都」，究竟當時韓國軍警發射了多少枚催淚彈，無從得知。唯一的資訊就是據聞「六月抗爭」完結前的最後一天，軍警的催

淚彈庫存只剩下三天用量。可見整整一個月的抗爭，韓國軍警是如何瘋狂地使用催淚彈。

另一個佐證，就是從當時負責生產催淚彈的韓國「三洋化學工業」的盈利作參考。從1975年開始開發催淚彈的三洋化學工業，於民主化熱潮高漲的八十年代初期，整個韓國催淚彈產業迎來了最繁榮的時期。而單是1987年的一年間，三洋化學工業會長韓英子就繳納了28多億韓圜的所得稅，遠超其他原本地位更顯赫的財閥會長，足見當時韓國軍警投入極龐大的催淚彈數量來應付示威人士。

當然，自前述李韓烈事件後，面臨國內外指責的三洋化學工業，隨著1988以後便陸續減少生產催淚

彈，而這亦標誌著催淚彈產業走向夕陽之路。十年後，時任已故總統金大中，便決定汲取歷史教訓，立法禁止警方向群眾使用催淚彈，避免重蹈覆轍，造成不必要的人命傷亡。

昔日韓國人經常把牙膏塗在眼底，聲稱能夠減低催淚彈對眼睛健康的影響。希望香港政權與警察，也能在韓國歷史中了解到催淚彈實際上是極危險的殺人武器，不要再向示威群眾發射，避免悲劇發生。

參考：https://bit.ly/2OGnxsl

三·八 汽油彈 與示威死守隊

八十年代韓國大大小小的示威現場，除了有警方施放的催淚彈使街頭煙霧瀰漫外，還有抗爭者予以反抗的武器——汽油彈。

韓國人最早期使用汽油彈的歷史，可遠追溯至1950年的韓戰，當時韓國軍隊以此作為反北韓坦克的主要武器。但直到七十年代以前，韓國民眾對抗朴正熙獨裁政權的示威，都未曾使用過汽油彈。翻查紀錄，首次有示威者使用汽油彈，始於

1971年因大學停課令及衛戌令引發的反抗，當時漢城大學學生便首次在街頭抗爭中使用了汽油彈。

隨著朴正熙被在日朝鮮人文世光暗殺未遂之後，反日極右團體也間歇性地使用過汽油彈。而到了八十年代，全斗煥政府持續鎮壓示威，學生們便開始大舉使用汽油彈反擊，主要由當時被稱為「示威死守隊」的學生組織負責投擲。

「示威死守隊」就是站在示威最前線的學生，也是八十年代大學生自發組織的團體。由於八十年代全斗煥政權修改了集會示威法，學生組織街頭示威自由大受影響，警察也不會對學生運動放任不管。為了打破這種局面，學生們成立了專門組織示威的團隊，即是「示威死守隊」，主要負責衝破警察防線。

當學生去到聚集的指定地點，一到規定時間，就開始派發傳單、喊口號，就像約定的那樣進行示威活動，而埋伏在附近的警察機動隊便會從四方八面衝過來，一邊射催淚彈，一邊追捕學生。就在那刻，一行四十人左右的示威死守隊便會出現，向警方的位置投擲汽油彈，讓原來的學生向後方逃退，保護普通學生，並跟機動隊正面交鋒。

當時，並不是一般的大學生都能成為示威死守隊，接觸汽油彈。大部分投擲汽油彈的學生，都是曾接受過手榴彈訓練並完成軍隊轉役的二、三年級學生，同時要對學生運動具有較深刻委身支持意識的人。為了準備足夠的汽油彈，他們通常在示威前一晚開始熬夜製造。

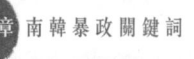

第三章 南韓暴政關鍵詞

一〇四

此外，示威死守隊都要經過猶如軍隊一樣的紀律鍛鍊，
例如利用學校假期在山中接受投擲汽油彈的訓練，再加
上體力與集結隊伍的訓練，方能在每一次示威中全身而
退，不被警察拘捕。

https://youtu.be/ApzFl4_pwtg?t=27

https://youtu.be/ooHwHu4CpXE?t=38

八十年代的韓國大學生示威活動，往往都會演變成雙方的暴力對抗。投擲汽油彈當然是犯罪行為，雖然學生的目的是把汽油彈扔到警察的前方，阻礙他們前進，但是，在大量示威者跟警察對峙的環境下，抗爭一方能否遵守原則還是未知數。如果不幸被汽油彈擊中，會造成二、三級程度的嚴重燒傷，在身體上留下疤痕。警員因被燒傷而轉行的情況也偶有發生。

就如1989年5月在釜山東義大學發生的「5.3東義大學事件」，當時數十名當地大學學生會的成員，要求就入學試舞弊問題進行調查，佔領了校長室，後來更演變成警民衝突。學生們在校門外示威，跟警察對峙。期間，他們挾持了五名便衣警察到校內圖書館的會議室。兩天後，數十名警察為營救同僚進入

圖書館，學生向他們投擲汽油彈時引起大火，二十多名警察瞬間被捲入火海之中，最終導致七人死亡、十多人重傷。

自此事故後，韓國政府便在1989年7月起，通過了嚴懲使用汽油彈的「汽油彈處罰法」。好像韓國著名導演奉俊昊，也曾經在年輕時期被控涉嫌違反此法而被拘留。1990年夏天，當時還是延世大學社會學系三年級學生的他，原定和朋友一起去農村進行農村志願活動考察，但他臨時改變計劃參加了全國教職員工會教師的示威，後來更被警方以涉嫌觸犯汽油彈處罰法而被拘留。

在此法通過以後，公眾也因「5.3東義大學事件」而對示威者使用汽油彈的形象深感厭惡。

反 抗 者 的 逆 襲

京畿道

江原道

首爾

忠清北道

忠清南道

慶尚北道

金羅北道

慶尚南道

釜山

光州

金羅南道

濟州島

四·一

真正的逆權大狀：
盧　武　炫

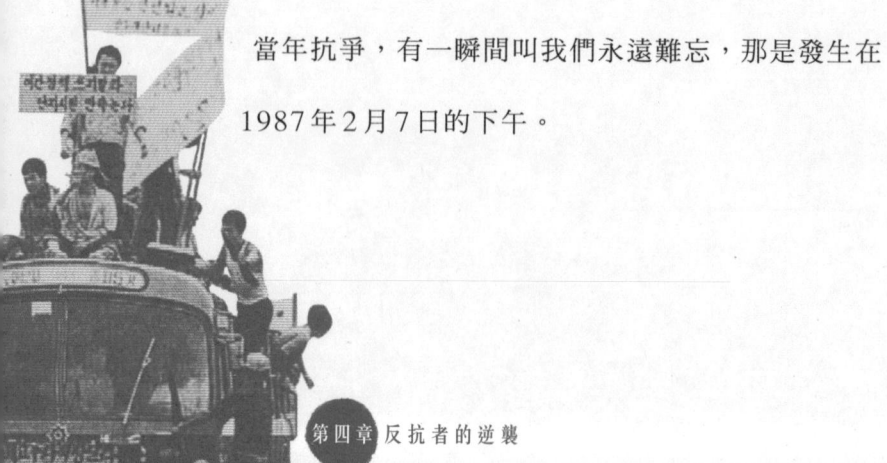

一
一
〇

面對著警方的過度執法，說實話，無人敢說從不害怕，
但本著正義之心，高舉建立民主體制、推翻獨裁政權的
韓國抗爭民眾，曾經在八十年代與軍人政府鬥爭期間，
向全世界展現出無比的勇氣與膽識，叫人肅然起敬。

　　當年抗爭，有一瞬間叫我們永遠難忘，那是發生在
1987年2月7日的下午。

當日，釜山民主市民協議會（簡稱「釜民協」）在釜山市釜山劇場前地舉行「已故朴鍾哲泛國民追悼會」。因為朴鍾哲出生於釜山，所以他被警察拷打致死的死訊傳出以後，震怒了整個釜山。那天下午，大量市民出席追悼會，當中有300多名釜民協的代表，包括已故韓國總統盧武鉉，與今天的韓國總統文在寅。他們胸前戴著黑色絲帶，悼念逝去的同胞。

不過，活動開始不久，警方便包圍會場四方，向群眾發射催淚彈驅散。當時，多位釜民協代表向集會人士大喊一聲「我們坐下！」，並且高喊民主口號，拒絕離開。結果，警方把他們一個接一個地拉走、拘捕，包括盧武鉉與文在寅。

無畏無懼的盧武鉉，雖然在其他律師幫助下，暫時獲釋，但後來他在聲援大宇造船工會大會抗爭活動期間再次被捕，且被檢方拘留。

第四章 反抗者的逆襲

當時，盧武鉉經常為民挺身而出，在釜山深得民心。在他被拘留以後，釜山律師會的全體會員代他向法院提出訴訟。在審判中，百多名釜山律師決定成為他的辯護人，審判長於是在法庭內把全數律師的名字一一讀出。這正是電影《逆權大狀》的其中一幕，亦是韓國司法史上第一次，也恐怕是唯一一次，展現出如此團結的司法場面。

今天，盧武炫與文在寅在韓國國民心目中，仍有如此堅實的逆權印象，都是源自二人曾經在八十年代韓國最風雨飄搖的時候曾無畏打壓挺身而出，為國民爭取民主自由。

四·二

金　大　中──
如忍冬草的意志

一一四

金大中擁有不平坦的人生。他一生參加過13次選舉，只有7次當選；他曾經參加過4次總統選舉，到第4次，亦即1997年12月才取得勝利。每一次的失敗並沒有挫敗他的意志。他一直參選，為的就是要伸張他的政治理念，改變韓國歷史。

1971至1987年間，可說是金大中政治生涯最黑暗和荊棘滿途的歲月。這16年間，為了與軍政府對抗，他經歷過多次生死關頭，差點被暗

殺，也曾被政權軟禁55次、入獄6年。在一段相當長的時間裡，他因受獨裁者威脅而被迫走上流亡海外之路。

最驚心動魄的一次，想必是1980年被軍事審判死刑。1980年光州5.18民主抗爭被武力鎮壓後，以全斗煥為首的新軍部，以涉嫌接受北韓唆使、發動光州民主化運動為由，將金大中等多名在野人士軍事審判，控以叛逆罪，判處死刑。

後來，因為國際輿論群情激憤，尤其在教宗的斡旋下，他才被改判終身監禁，後再改判入獄20年。最後，美國政府介入，金大中在入獄接近兩年後獲得釋放，並流亡美國。他回流韓國後，又再被全斗煥政府軟禁，直至1987年六月抗爭成功，才真正重獲自由。

前後六年的牢獄，還有多番的死亡威脅，也從沒嚇阻金大中對推翻暴政的決心。他有如忍冬草一樣的堅毅力，一直與獨裁者鬥爭，未曾放棄。

1964年，國會正在通過一條針對在野派議員金俊淵拘留的議案。為著阻延惡法通過，金大中在國會上連續5小時19分鐘不間斷發言，癱瘓議會運作。而這番演講亦曾經成為健力士世界紀錄中最長的演說，足見他擁有無比堅韌的意志。

這種精神，跟同樣站於群眾一端、為學生辯護的已故前總統盧武鉉如出一轍。二人惺惺相惜，互相支持。記得金大中在盧武鉉自殺身亡後，曾經發表過一篇對戰友的追悼詞，內容如下：

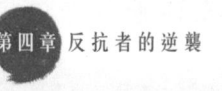

第四章 反抗者的逆襲

「讓我們成為行動的良心、覺醒的市民。

只有這樣才能贏。

只有這樣，才能挽救處於危機的民主主義。

這條路不一定難，在自己力所能及的範圍內行動就可以

了。」

兩位曾經在崗位上各自展現逆權精神的前韓國總統，憑藉他們的堅毅不屈的意志，最終感染到全國上百萬群眾，一同站出來，高呼「暴政必敗」。

就讓我們領會忍冬草的寄意，堅守信念。

一一八

第四章 反抗者的逆襲

四·三

拒向民眾開槍的
安炳夏警長

手執武器的警察，在獨裁時代往往是執行鎮壓的工具。只是，拿著槍面對手無寸鐵、流著相同民族血源的同胞時，一念天堂一念地獄，一個決定可以改變民族歷史，也可以讓自己從此背負著殺人兇手的污名。

韓國光州5.18民主抗爭期間，為了服從軍統命令，軍隊與獨裁者同流合污，成為濫殺無辜平民的劊子手。他們把槍口對準人民，只是為了保護政權。

一念之差，卻有鎮守全羅南道光州的警察本著人道主義精神，未有執行軍隊下達的鎮壓軍令，並站在抗爭人民的一方，不單為他們維持基本社會秩序，更向學生提供安全保護，讓警察的名聲得以保留。

當中，以一人之力力抗軍令的，是時任全羅南道警察局局長安炳夏。

1979年10月26日，韓國總統朴正熙被暗殺後，軍人將領全斗煥以「新軍部」之名，於12月12日發動軍事政變，革除原來代總統的職權，並建立了新的軍事獨裁政府。

1980年初，反對全斗煥政變的民運浪潮席捲

全國，可惜曇花一現的「首爾之春」運動，早在萌芽階段便被新軍部鎮壓下去，全國唯獨是位於全羅南道的光州，抗爭運動維持著聲勢，未見減弱。

當時任職全羅南道警察局局長的安炳夏，收到新軍部下達的指令，命令光州的警察必須使用武力，全力撲擊學生民主運動。可是，安炳夏卻反對軍隊的鎮壓令，他認為投入軍隊不但不能處理事端，反而會激發學生奮力還抗，使情況愈趨惡化，因此一直抵著軍令，禁止警察向學生動武。

後來到了5月，他更拒絕了新軍部指示要向光州市民開槍的命令，反稱「對方是我們應該保護生命和財產的市民，警察怎麼能拿起槍呢？」同時命令前線警察收回警槍，只

帶警棍，並清空警局內的武器，防止學生一憤而進，闖
入警局搶走武器對抗軍隊，釀成更難以收拾的局面。

因此，在整個光州民主化運動期間，全羅南道及光州地
區的警察，都沒有與市民發生絲毫衝突。當時的警察和
示威學生不但會互相笑著打招呼，跟對方說「辛苦了」來
延續友好氣氛，警察後來更主動為被戒嚴軍打傷的民眾
提供治療，還帶他們去吃飯、換衣服等等。所以，當時
光州的市民路過警察局時，都會高喊「警察不是我們的敵
人，他們都是民主警察！」的口號，足見當時警民
間仍維持著和睦的關係。

違抗了軍令，安炳夏備受軍方上級的猛烈批評，
被指正是因為光州的警察未有在示威初期鎮

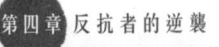

暴，才招致後來軍隊需要介入的後果。結果在5.18過後，安炳夏被軍方問罪，被解除職務，並強行帶到首爾的保安司令部總部進行嚴刑逼供。安炳夏被關了8天，受盡肉體與精神上的折磨，雖然最終獲釋回家，但這8天的摧殘，為其精神與身體健康帶來了極大的破壞，導致之後他一直要與病痛對抗，最終在1988年10月10日與世長辭。

雖然他曾為警長，但由於他被革職，遺體不能安葬在國立顯忠院，只能安葬在忠清北道忠州市的一處公園墓地。

直至韓國民主化以後，文人政府上台，陸續為光州屠城平反，安炳夏的個人事跡，還有其他為抗軍令而不幸殉職的警察，才慢慢被新政府重新評價，肯定他們對韓國民主

化的貢獻。安炳夏的遺體終於在2005年重新安葬在國立
顯忠院。

2017年1月底，安炳夏的銅像亦正式樹立在全羅南道警
察局一樓內，紀念他對捍衛光州民主運動與保護示威者
的貢獻。

安炳夏的歷史告訴我們，一個真正為民為社會保衛安全
的警察，無論社會有多黑暗、強權有多大挑戰，他們都
會本著初衷，站在民眾一方。

參考： https://bit.ly/2FELjOp

https://bit.ly/2XjUAGQ

第四章 反抗者的逆襲

四·四

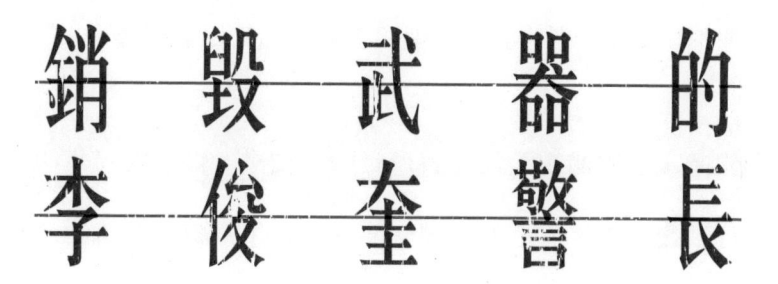

銷毀武器的李俊奎警長

綻放人性光輝，除了安炳夏以外，還有另一位寂寂無名、甚至反過來背負著「可恥警察」惡名達三十多年的良心警長。他當年同樣出於憐憫之心，未有向市民開槍——他就是時任木浦市警察所長李俊奎。

光州爆發民主抗爭運動之時，全斗煥下達鎮壓令，要求全羅道的警察必須遵從軍部指引，手執機關槍，向走上街頭的示威群眾開槍。收到緊急通知的安炳夏局長，未有理會全斗煥的要求，反而號召全羅道各地的警察局，

要把民眾安全為在首位，並將警局內的武器全數撤走。

當時正在木浦市擔任警察所長的李俊奎，得知安局長的行動後，決定與他站在同一陣線，除了拒絕戒嚴軍的命令，亦把警局內的槍枝全數歸還給軍隊，避免民眾搶槍與戒嚴軍決一死戰。後來，李俊奎擔心撤走的槍枝會落入別的軍人或警察手上，索性親自駛船把所有武器運至離木浦市港口一段距離的高下島拋掉，令木浦避過一場血腥屠城。

只可惜，就在戒嚴軍血洗光州後，穩坐大權的全斗煥便以清算之名，徹查曾經拒絕執行軍隊命令的安炳夏與李俊奎。李俊奎被戒嚴司令部緊急逮捕，押送至漢城，在保安司令部總部拘留近三個

月，期間他不但因「沒能控制示威」與「疏忽警察行使自衛權」兩大理由被罷免職務，更受到嚴刑拷問，身心遭到極大的創傷。

李俊奎雖然最後被釋放，但同樣飽受拷問後遺症折磨，使他在五年後亦即1985年便因病離世。死時，李俊奎在軍人政府全面控制資訊發佈的環境下，被軍隊捏造的假證據指控成一位「可恥的警察」，並屈為屠夫政權殺人的代罪羔羊。李俊奎的家人都不敢走出來為他辯解，連每年的5.18紀念日都只能偷偷摸摸地悼念，而李俊奎死後只是安葬於天安公園墓地，而不是顯忠院和國立5.18民主墓地。

經過幾十年歲月流逝，李俊奎為木浦與光州市民付出
過、保衛市民安全的事跡才陸續被公開，並於2018年在
國家報勳處的肯定下，重新被選定為對國家民主發展、
在5.18抗爭運動中帶來貢獻的「有功者」，得到殉職認
證，總算還他一個遲來了的公道。

參考：https://bit.ly/2keSKVi

第四章 反抗者的逆襲

四.五

記下光州事件的美聯社記者Terry Anderson

除了《逆權司機》中提及的德國記者辛茲彼得（Hinzpeter）以外，當時跟他一樣，無懼軍人以槍阻嚇、敢於隻身從首爾南下到光州報道事件真相的外國新聞記者，亦有不少。有英國的、美國的、法國的、日本的，而其中一位讓人留下最深刻印象的，就是當年美聯社的記者Terry Anderson。

外人熟悉Terry Anderson大多是因為他曾於1985年在美聯社擔當駐貝魯特主管期間，在黎巴嫩遭綁架，被真

主黨好戰分子挾持長達二千多天。但對他而言，曾經在1980年5月在韓國光州經歷生死一線之間，同樣叫他畢生難忘。

辛茲彼得當年能夠進入光州，如他在後來撰寫的文章也指出，絕對是有賴那名叫金四福的的士司機，不怕軍人阻擋，奮不顧身地駕車進入光州市。為美聯社工作的 Terry Anderson，則未有如辛茲彼得般好運，據說當他到達全羅南道附近時，他的的士司機因為聽聞市內已有軍人開槍的事件發生，因為擔心人身安全而只在附近城市丟下他，令他最終只能跟同事徒步進入光州，再開始記錄與報道。

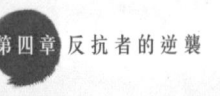

第四章 反抗者的逆襲

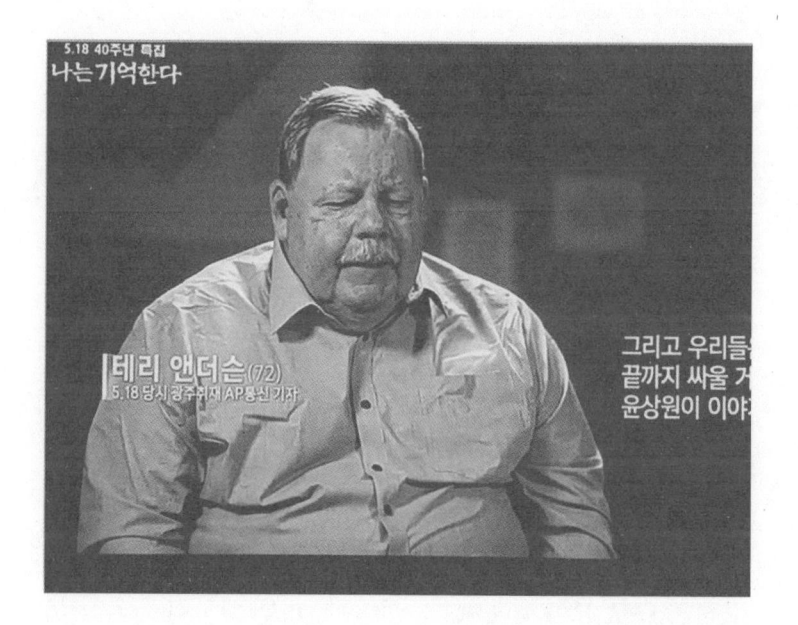

Terry Anderson在後來的訪問也澄清，當時光州不全然是百分百被封城，與外界截斷來往，尤其是在軍隊第一次屠城的5月22日後，軍人稍微退出市郊，他們作為記者，亦能多次出入光州市。只是，由於主要幹道已被軍人封鎖，他們這些文字記者，為了把記錄的訊息透過

電話匯報給首爾的同事，只好騎單車二十多公里距離，途經山區與農田，到鄰近城市致電回首爾，後再踏單車回到光州，繼續工作。

他也曾經在光州經歷過兩次險遭槍斃的生死關頭。第一次是當他從附近城市踏單車回到光州，守在光州市邊圍的市民軍誤以為他是美軍軍人，舉槍向他恐嚇，後來幸得他懂得一句韓語「我是記者！」才倖免於難。另外一次則是當戒嚴軍再次入城後，進攻市民軍留守在全羅南道道廳時，由於他身處的酒店（大多外媒記者都住在那裡）與道廳相隔不遠，他便決定拿起相機向對面的道廳拍照，當時一名在道廳前的軍人正好察覺他想拍照，便立刻向他所在的方向開槍，幸好他閃避及時，才能逃過一劫。

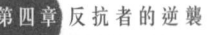

第四章 反抗者的逆襲

無論是辛茲彼得，或是Terry Anderson，我們幸運地有他們這類敢於追尋並記錄真相的記者，光州5.18事件才能保存那麼多具體證據，憑著他們作出的貢獻，這場運動才能夠獲得正名與平反。

https://youtu.be/dac6S5oPbFo?t=156

四·六

自殺明志的李東洙

自　殺　明　志
的　李　東　洙

他叫李東洙，1986年5月20日在首爾國立大學學生會館四樓自焚後跳下，終年24歲。

每當提到1986年韓國大學生一連串「自殺明志」事件，李東洙總是最令人感到難受的一個；他自殺時，一團火光從高處墮下的畫面，令人難以忘懷。

沉默寡言的李東洙，1983年成功考入首爾大學，修讀農業與園藝學院。然而，1983至

1985年在陸軍服兵役的經歷，徹底改變了他的一生。服役期間，軍人都被迫在國會選舉中投票支持執政黨，李東洙對此尤其反感，結果鼓起勇氣，冒著被將領毆打報復的惡果，也要票投反對黨。最後，他的叛逆被上級查出，在餘下的服役期間，過著極痛苦的日子。

復學後，他雖然沒有加入學生組織，但也一直有參與抗爭運動。只是礙於家境問題，讓他最終抵受不著內心壓力，選擇自殺明志。

李東洙的父親，原是韓國「愛寶樂園」的管理高層，政見保守，亦是獨裁體制的既得利益者。生活在這個家庭下的李東洙，卻崇尚民主自由。李東洙的父親一直阻止他參與任何抗爭的學生組織，使他的內心特別難受，有感被周邊環境所束縛，猶如站到懸崖邊一樣。

1986年5月20日下午3時30分左右，文益煥牧師正在首爾大學的學生會館前地就光州屠城一事演講，李東洙忽然走上會館四樓，大喊「暴力警察滾開！處決法西斯先鋒全斗煥！」，並在屋頂自焚，最後從高處墮下身亡。

其後，李東洙的同學在他家中找到遺書，上面寫著兩句說話：「不能說不，人類便會變成奴隸」。

李東洙的死，雖然不如其他韓國著名民主烈士般獲得社會廣泛認知，但卻感動了大量首爾大學學生，投身參與後來的六月抗爭，讓運動更波瀾壯闊，直接推翻了全斗煥獨裁政權。

逆 權 曙 光：
六月抗爭

京畿道

江原道

地點

首爾

忠清北道

忠清南道

慶尚北道

金羅北道

釜山

慶尚南道

光州

金羅南道

地點：首爾

時間：1987年6月

濟州島

五・一

全民抗爭
是民主化成功的關鍵

「朴鍾哲被嚴刑拷問致死」「李韓烈被警方發射的催淚彈擊斃」「舉辦漢城奧運會的國際壓力」「美國放棄支持全斗煥獨裁政權」……這些都是向來研究1987年韓國民主化成功轉型的主要原因。

在韓國電影《1987：逆權公民》中，導演以「去英雄化」的拍攝手法，處理這段波瀾壯闊的民主化運動歷史。導演的用意，其實是希望讓觀眾明白這場抗爭，都是不以

第五章 逆權曙光：六月抗爭

個人英雄為重心，而是透過每一位韓國民眾，從微小的個體出發，發揮屬於自己領域的影響力，最終才能成就出這驕人的結果。

1987年1月14日，當年韓國全斗煥獨裁政府下主要針對學生運動與對共活動的「內務部治安分部」，在位於南營洞的「對共分室」調查一名叫朴鍾哲的22歲首爾大學學生期間，以水刑拷問時不慎把學生殺死。後來，對共部本以強權威嚇各有關部門，以圖掩蓋殺人真相，可是，就在檢察官、醫生、記者與獄警對獨裁政權多年來延續的歪風已忍無可忍之際，他們共同協力誓要把對共部的殺人事實公諸於世。最後，朴鍾哲之死被傳媒公開，掀起了韓國舉國上下憤怒的民眾推翻獨裁政權的序幕；而後來被感召投身抗爭行列的延世大學經營學系學生李韓

烈，在同年6月9日於大學門外示威期間，被警方發射的催淚彈傷及後腦後不幸死亡的慘劇，更是韓國六月抗爭的催化劑，直接促成了國家從獨裁走向民主改革的里程碑。

民主之路第一階段：
朴鍾哲拷問致死事件

1987年6月10日，韓國爆發六月抗爭事件的關鍵導火線——朴鍾哲被拷問致死，事源是為了追捕主導首爾國立大學的民主推進委員會核心人物朴氏，負責調查大學生運動的內務部治安分部便進行大規模搜捕行動，結果以證人身份拘捕了他的大學後輩、就讀語言學系的三年級

學生朴鍾哲。不知道前輩下落的朴鍾哲，一直未能為拘留他的警員提供任何線索，結果著急的對共警員便對朴鍾哲施以水刑拷問，然而因為施暴過度，不慎把他弄至窒息死亡。

朴鍾哲死後，警方先曾試圖掩蓋事件，盡快把屍體燒毀作結，但就在翌日已有媒體報道朴鍾哲在南營洞的對共部被拷問期間死亡的事件。為了防止消息進一步擴散，警方一直以朴鍾哲在審問期間，因調查警員在拍打桌面時「啪！」的一聲而導致心臟病發，並因心臟麻痺而喪命。這樣荒唐的說法當然無法叫追尋真相的記者相信，後來負責為朴鍾哲驗屍的驗屍官，向媒體表示在朴鍾哲身上不單發現多處因拷打而留下的傷痕，而且還公開了在為他進行急救的事發現場地板滿布積水，最終確定朴鍾哲是死於拷打過程中，因脖子被壓在浴缸中而溺水致死。

被媒體連番引爆的資料，警方也只能迫於無奈承認在審問朴鍾哲的過程中，曾經使用嚴刑逼供，並且供出兩位趙姓與江姓的治安部調查員，是主使對朴鍾哲用刑的警員，試圖以此結束案件。

民主之路第二階段：
全斗煥4.13護憲聲明

兩位治安部調查員雖然被警方拘留，但對朴鍾哲遇害一事仍然抱有莫大懷疑的媒體，一直繼續追查有關事件，希望查出幕後更多牽連人等，將事件公諸於世。同一時間，國民對民主化的渴望愈來愈強烈，要求建立總統直選制並進行修憲的訴求更趨主流，叫全斗煥政府苦惱不已。然而，表明絕不向群眾妥協的全斗煥，結果決定向

全國發表特別電視講話，指出為了在明年舉辦漢城奧運會前以和平方式達成政權交接，決定以間選方式，支持同樣擁有軍方背景的民主正義黨代表盧泰愚繼承他的位置，並以在體育館內舉行的小圈子選舉模式，推舉他成為下一任的國家總統。

全斗煥的護憲聲明無疑是向全國已憤怒得難以平息的群眾宣戰。就在那一刻，本來作為代罪羔羊的兩位調查員，卻忽然更改口風，向檢察長供出除自己以外另外三位涉案的調查員名單。結果，這張名單就在當年5月18日於首爾明洞聖堂內舉行的「光州5.18抗爭7周年追悼彌撒」活動中，由「天主教正義具現全國司祭團」向全國公開。自此以後，民眾以朴鍾哲為民主烈士，並以他

的精神而舉行的悼念活動多不勝數。最終，在野黨、宗教界與大學生共同組成了「爭取民主憲法的國民運動本部」，統籌六月起進行的抗爭活動。

民主之路第三階段：
李韓烈被催淚彈擊斃事件

由「爭取民主憲法的國民運動本部」主力籌辦，於6月10日舉行的「朴鍾哲被拷問致死殺人事件的全國譴責大會」前，延世大學於大學校園門外舉行了「6.10延世大出征前決意大會」。當時，延世大學經營學系二年級學生李韓烈，在參與示威過程中，不幸被警方發射的催淚彈碎片傷及後腦，成為首位死於催淚彈的韓國抗爭人士。自李韓烈事件發生以後，韓國舉國上下抗爭者的怒火更是難以平

息，連本來一直沉默的白領工人與家長，對當權者無理殺害國家下一代也無法苟同，表明不能再讓這個國家繼續沉淪下去，決定一同走上街頭，催化這一次的抗爭運動，擴展成全國性與各階層共同參與的民主鬥爭運動。整個六月分，全韓國多達500萬名市民一同走上街頭，大聲疾呼「打倒獨裁」「建立直選制」等口號，連街道上的汽車也同樣於每天下午六時一同鳴笛助威，以示抗議。

最後，全國性民主抗爭運動一發不可收拾，作為民正黨的總統候選人，盧泰愚最終也要屈服於民眾的訴求下，在6月29日上午九時，來到黨中央執行委員會的會議室，站在鏡頭前宣讀宣言，這就是叫韓國人舉國難忘的「6.29宣言」。

一四六

第五章 逆權曙光：六月抗爭

盧泰愚說到：「在朝野協議下盡快修改憲法，通過新憲法進行總統選舉，實現1988年2月和平移交政權。人民是國家的主人，人民的意願是一切優先……」兩天後的7月1日，總統全斗煥便接受了盧泰愚的建議，通過朝野共同發表的民主改革方案，宣佈將會修改憲法，建立總統直選制，正式標誌著韓國民主抗爭運動爭取數十年來了，最終達成夢想的重要一天。

未完結的民主之路

透過群眾的力量，韓國最終於1987年成功建立直選總統的民主制度，雖然第一次總統直選，因為金大中與金泳三二人未能放下歧見，達成單一化候選人的妥協安排，最終讓盧泰愚延續了軍人統治多五年時間，但幸好民眾

心中那團不服氣的怒火，未有因為氣餒而熄滅，在1992年的第二次總統大選，選出了自民主化以來首位文人出身的總統金泳三。金泳三在任期間開展了對「第五共和國」與「1980年光州屠城」的全面調查，並於1996年正式把前總統全斗煥與盧泰愚問罪入獄，還民主義士一個公道。

到了1997年12月，韓國民主化後第三次總統大選，在野派出身的政治領袖金大中成為了史上第一位出身自全羅道的南韓總統，正式標誌著政權轉型成功。

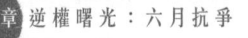

第五章 逆權曙光：六月抗爭

自1987年的六月抗爭以後，經過三十多年的漫長歲月，如今還遺留下多少歷史痕跡？1976年建成、1983年增建至七層高的南營洞治安分部，今天已搖身一變成為由民主化運動記念事業會管理的人權保護中心。當年朴鍾哲被拷問致死的509號調查室，還有整個五樓，今天仍然保留下來。而二樓則改建成朴鍾哲烈士紀念館，展示他的遺物、親筆書信相關的媒體報道內容。

而那兒亦將於2022年改建成紀念韓國民主運動的民主人權紀念館，讓歷史的教訓長久保留在那片土地之上，不會忘記。

群眾的力量

就如電影《1987：逆權公民》中的醫生，不甘為政權說謊，主動向記者說出朴鍾哲真正的死因；驗屍官也未有屈服去簽署那份警方偽造的死亡報告；檢察官力拒上級施壓，鍥而不捨追查打死朴鍾哲的幕後黑手；記者也無懼政權打壓，力抗政權下達的報道守則，冒死把真相說出來；家長與商戶為了保護走上街頭的學生，向他們提供容身之所；獄警亦為了讓含冤入獄的前報紙編輯繼續撰文聲討獨裁政權，不只將一些機密文件內容告知，更把他的手抄稿件轉達到報館手上；教會與寺院也扮演著衛道者的角色，向被通緝的抗爭者提供避難之處；大學生們為了傳承光州死難者的抗爭精神，無懼催淚彈也要走上街頭，向政權施壓。

第五章 逆權曙光：六月抗爭

最終，因為每一位民眾都願意在能力範圍內發揮自己的影響力，由藍領、白領、學生、老師、記者、公務員、司機、商人，甚至家庭主婦不斷向外擴散，成就出一個足以撼動專權制度的民眾力量，結果把獨裁者推倒。

要帶來改變，從來都不是期待出現英雄，而是依靠每一個人多走一步。

五 · 二

醫生與法醫的良心

1987年，點燃起韓國社會民主之火的藥引，是大學生朴鍾哲被拷問致死的事件。警方原希望把朴鍾哲死亡的消息封鎖，最終卻因為兩位不甘真相石沉大海的醫生與法醫官冒著生命危險，將事實告知記者與檢察官，最終引發六月抗爭。

時任韓國中央大學醫院的吳演相醫生，是朴鍾哲事件公開的首要關鍵人物。吳醫生是第一，也是唯一一位抵達

南營洞現場、目睹朴鍾哲被拷問致死的醫生。後來警察為了禁止他向外界透露真正死因，不只威脅並教唆他向記者發放虛假資訊，推諉朴鍾哲是心臟麻痺致死，更於事發後第二天起，派出警員輪班守在他的診室門口，禁止外人接近。

不過，後來有一次他在廁所裡遇見記者，在對方多番追問下，他最終決定透露事情的真相，讓記者報道。吳演相事後曾在訪問提及他當年鼓起勇氣的原因：「如果不說真話，我一輩子都會被罪惡感折磨」。

另一位讓世人弄清朴鍾哲死因的決定性人物，是負責檢驗屍體的黃迪駿法醫官。當時的驗屍工作主要由國立科學調查研究所負責。作為警察部的附屬機構，治安本部

的部長曾向該研究所掏出100萬韓圜現金作賄賂費，並說出一句「往後的事就拜託你了」，希望左右黃迪駿法醫的工作。

一直苦惱的黃迪駿，實在不知如何處理朴鍾哲的驗屍報告。有上級跟他說到：「不用多想吧，在捏造死因的報告上簽名不就可以嗎？反正他本來肺部就有問題，而且驗屍後便立即把遺體火化，不會出甚麼問題，只要睜一隻眼閉一隻眼，簽個字就行了。」他不敢違背上司命令，但罪惡感卻令他坐立不安。

那一晚，他望著自己的家人，忽然想到朴鍾哲理應也有自己的家人，可是究竟是誰破壞了他原來美好的家庭？

第五章 逆權曙光：六月抗爭

對他的父母而言，究竟又是誰令他們連自己兒子的真正死因也無從得知？反覆思量一晚後，黃迪駿毅然作出決定：雖然自己只是一個平凡的法醫，但真相不能在他手中被摧毀。他亦堅信韓國的獨裁政權，絕對可以在朴鍾哲真相被公開後得到動搖，結果，他撰寫出包含死因真相的鑑定書：「我如實地告知大家，警察是用水刑殺人！」

在公權力的威脅以及重重利益下，往往使醫者脫下象徵著醫德與責任的醫生袍，成為獨裁者的同謀。幸好，這兩位韓國醫生與法醫在關鍵時刻鼓起勇氣，選擇向壓迫說不，並站在公義與真相一端，把暴政的惡行和盤托出，成為喚起民眾怒火的原動力，最後推翻了不義政權。

參考：https://bit.ly/31MuJWA

五．三

商人的政治表態

做生意的，利益始終是首要考慮。為著生計，不少店主都會以一句「我不懂政治，我只是生意人」來迴避任何政治表態，目的都是不想因為政治立場而影響跟客戶的關係。所以，當有些生意人在大是大非面前，不惜冒著得失客戶的風險都要表態，捍衛公義，他們的勇氣實在非常值得尊敬。

第五章 逆權曙光：六月抗爭

在電影《1987：逆權公民》中，便曾出現過一位同樣愛惜學生抗爭者的老闆。電影中，姜棟元飾演的延世大學學生李韓烈，在參與悼念被嚴刑拷打致死的朴鍾哲集會活動期間，跟金泰梨飾演的另一女大學生被一群便衣警察追打。當兩人無路可逃、眼見將被警察逮到之際，幸得附近一家小商店的老闆娘讓二人進內躲避，他們才能逃過一劫。

另外，又記得當年六月抗爭的最關鍵時刻，受到上百萬群眾壓力的獨裁政府無法再逆民意而行，於6月29日透過執政黨代表盧泰愚宣佈開放政權，並修改憲法，建立直選總統的新制度，令人民都能以手中選票主宰屬於他們的社會未來。

付出了數之不盡的血與汗水，韓國這場逆權抗爭獲得了終極勝利。當天，舉國上下歡騰，人人也在慶祝從此不再需要看到人民犧牲或受傷的情況再次發生。有一家咖啡館的老闆便決定與民同樂，在店門外貼出一張告示，寫著：「今天是值得高興的日子，所有茶都是免費！」這個小插曲，亦成為了整場抗爭運動中，另一個令人難忘的時刻。

感謝那些商人，在關鍵時刻，把利益置於一旁，為學生提供避難所；在值得慶祝的時刻，無償付出。

六月六時的
響號進行曲

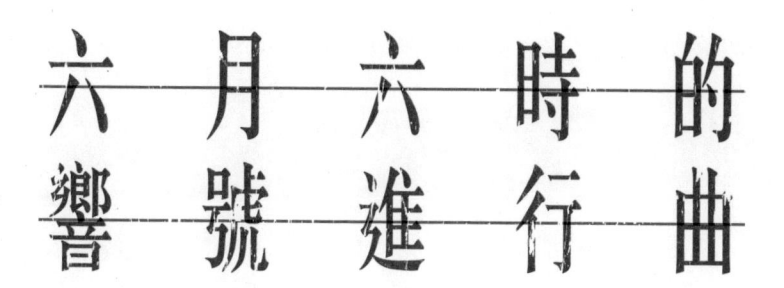

舉國上下齊心參與的韓國六月抗爭中，大部分藍領工人有別於昔日的無動於衷，紛紛晉身為運動率頭。當中，叫我們熟悉的「逆權司機」也有與學生同行，全力投入示威行列。

誠然，像電影《逆權司機》主角金四福般勇敢的的士司機，在韓國只屬極少數，但並不代表他們對抗爭袖手旁觀。當年不少的士工會活動，因為全斗煥政權全方位大力打壓而變得脆弱，且失去合力統籌的發揮空間；而大

部分司機亦因糊口關係，難以抽身參與白天的示威，但也有部分司機想方設法參與其中。

當時雖然沒有官方組織活動，但的士司機們都以個人力量私下聯繫參與抗爭的同工。在整個六月分，差不多每次有大型集會時，當踏進傍晚六時正，那些的士司機都會主動駕車到示威區域，把車停下，組成路障，並響號聲援學生。未能親自到達集會現場的司機，亦會於同一時間響號，讓響號聲響徹整個城市。

有一些更勇敢的的士司機會冒著違法風險，把車停在路上，以堵路來爭取示威空間，表達對政權的不滿。例如6月18日凌晨，在釜山西面十字路口附近，有三百多名

的士司機把車停在馬路上，通宵進行示威。另外，從6月
26日下午六時左右開始，大批的士司機在東大門周邊旋
轉經過，並一直響號，直至近午夜時分，以聲援正在附
近舉行集會的學生。除的士司機外，不少有心支持學生

的巴士司機亦有參與罷工，義載學生從大學到示威地點。

雖然有傳韓國軍警會拘捕在下午六時響號聲援的司機，或對他們秋後算帳，但亦無阻他們在下午六時集體駛進示威區支持抗爭的決心。

對韓國國民而言，1987年整個六月叫他們最難忘的，就是那首由的士與巴士司機冒著堵路違法風險，用汽車喇叭合奏出鼓動人心的「六月進行曲」。

參考：https://bit.ly/2Jqq1ql

https://bit.ly/2Lc1Wpo

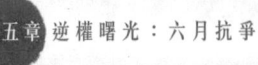

第五章 逆權曙光：六月抗爭

五‧五

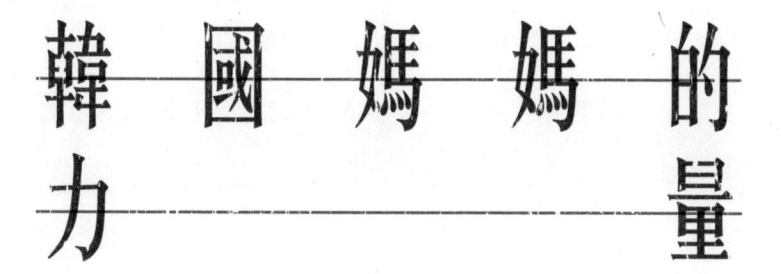

韓國媽媽的力量

八十年代走上街頭的韓國大學生，一個接一個被冠上政治犯的罪名，無聲無息且無理地被送進監獄，受盡折磨。在那些時刻願意為他們站出來的，就是深愛著子女的母親。

1987年1月14日，首爾大學學生朴鍾哲被警察以嚴刑拷問致死，兩天後，最先為朴鍾哲挺身而出、勇敢向警察抗議的，就是一群韓國母親。她們先是怒氣沖沖的衝到南營洞示威，三天後再到首爾大學門外高舉著「拯救朴鍾

哲，殺人政權軍部獨裁下台！」的示威牌子舉行集會。沒多久後，她們的聲音便傳遍整個韓國，引來更大的社會迴響。

這群勇敢的韓國媽媽，其實不是因為朴鍾哲一事才偶然聚合，她們早於1985年年底便已成立一個專門保護下一代的公民組織，名叫「民主化實踐家族運動協議會」，簡稱「民家協」。民家協成立的目的，是聯合一群家中兒女因政治抗爭而被捕的母親。

她們的首要工作當然是向政權抗爭，要求釋放被捕的兒女，但其實背後更重要的任務，是要推動韓國民主化，因為沒有民主，她們或是別人的孩子仍會活在獨裁時

代，無法享有應有的自由。民家協成立以後，從不缺席任何一場抗爭運動，而且永遠站在最前線，保護抗爭的青年人。她們選於1985年12月12日成立，正正是要站在全斗煥政權的對立面（全斗煥當年發動軍事政變奪權正是12月12日）。

後來到了1987年的六月抗爭，民家協發動並參與的抗爭活動遍佈全國，迄今為止留在韓國人心中的一幕，發生於1987年6月18日。

當時韓國公民團體舉辦「全國催淚彈驅逐日」，要求警方不要向再民眾發射催淚彈。一眾民家協的母親成員，認為她們作為韓國的媽媽，無論學生或是警察都是她們的

兒女，因此決定以和平方式，為守在街頭的前線警察胸前，掛上一朵象徵和平的康乃馨，希望緩和緊張對立的氣氛。

6月26日的韓國全國和平大遊行，超過200萬人參加，民家協亦是這次運動的主導者。到了7月9日，被催淚彈擊傷頭部的學生李韓烈不幸離世，當天全國舉辦送別李韓烈的「國葬禮」，領頭最先到達市政府廣場的，同樣是民家協的成員。當時，每位成員頭戴麻布，把李韓烈視為自己的孩子一樣，為他送別。自此以後，每當有民運領袖離世，民家協也會頭戴麻布，參加葬禮。

第五章 逆權曙光：六月抗爭

民家協的媽媽們，大部分都是因為自己的孩子被捕而加入協會，並獲得其他成員在情緒、法律與財政上的幫助。漸漸地，成員都會把第一次見面的學生當作自己孩子，攔住警察，把學生救出來，無分彼此。

有一位民家協母親曾經寫到：「當年我的兒子成為了首爾大學學生會的副會長，因為投身學生抗爭活動，使他無法上學，學校因而把他停學。我為了保護他，說自己因病，要他長時期照顧我才會曠課⋯⋯後來，我經常到大學校園找他，為他送飯，而其他抗爭學生建議我到民家協，說那裡有支援抗爭學生母親的服務。我到了民家協後，它們除了給我錢，讓我負責為其他抗爭學生提供膳食，其他母親還會給我力量，讓我理解自己兒子正在做正義的事，也深信孩子不會死在警察手上⋯⋯」

韓國最終成功把獨裁政權推翻，學生的功勞當然重要，

但其實在他們每一人背後，為他們帶來支持甚至願意走

上前線保護他們的母親，更是功不可沒。

參考：https://bit.ly/2YFicSU

第五章 逆權曙光：六月抗爭

五・六

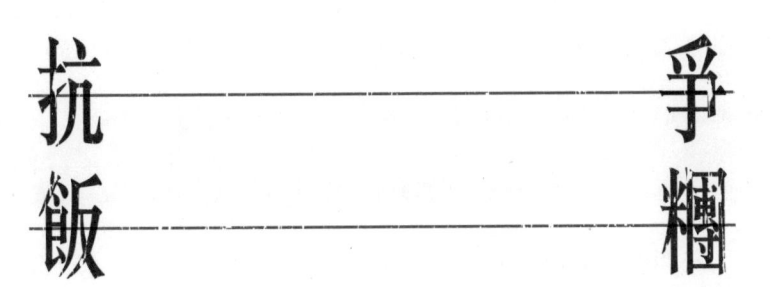

抗飯　　　　　　爭糰

對於八十年代為爭取民主與自由的韓國抗爭者而言，無私地分享自己所有的感情連帶，絕對是最能夠把他們凝聚在一起的力量。

韓國總統文在寅在2019年光州「5.18民主化運動」紀念儀式上提到，光州抗爭最令外界難忘，亦最打動人心的，就是當地的「飯糰」和「捐血」行徑。

尤記得在有關韓國光州5.18抗爭的電影《逆權司機》裡，

原本對抗爭者懷有負面印象的市儈的士司機（宋康昊飾）駕著的士，把從日本東京飛抵韓國的德國籍記者辛茲彼得，送到正在爆發抗爭運動的光州市時，於市中心周遭正在叫喊「反對獨裁」的家庭主婦，向千里迢迢來到光州的二人送上親手製的愛心飯糰。

後來，他駕著的士，獨自離開戒嚴軍已準備鎮壓示威群眾的光州，抵達鄰近城市順天，在轉車站附近的食堂吃飯時，食堂的老闆娘看到他餓壞了的模樣，便免費送他一個飯糰裹腹。飯糰勾起那段從光州主婦手中收到飯糰的記憶，一股由心而發的內疚感升起，因為他竟然選擇在光州民眾遭到鎮壓之際獨自離開，拋下記者與主婦。結果，他決定馬上駕車回到光州，跟光州市民共同進退。

第五章 逆權曙光：六月抗爭

那個曾經在電影片段中串連起的士司機跟光州民眾情誼的飯糰，原來不是戲劇效果，而是真實地在1980年光州5.18民主運動期間存在。當時，光州人民面對著軍政府下令全面封城，旨在動武鎮壓之際，不但沒有因緊急情況而自亂陣腳，反而齊心地主動投身抗爭行列。雖然不一定是站在抗爭前線，但那些家庭主婦不僅沒有搶購或囤積糧食，反而分享著家中物資，且在市內的大街小巷掛著鍋煲，為抗爭者弄飯煮菜，毫不吝嗇地分發飯糰，使他們吃罷補充體力後才走上前線，繼續守護光州。

所以，對於光州人來說，這些飯糰都不只是簡單的米飯，而是象徵著整個城市無私的分享，及一同分擔苦難的熱血光州「五月精神」所在。

數年前我看過電影《逆權司機》後，便到訪了光州5.18死
難者家屬工作的志願機構。那些死難者的媽媽也有特意
為我送上她們親製、如電影中一樣的紫菜飯糰。她們跟
我說，希望我一邊吃，一邊回想當年她們的兒女是如何
堅實地為民主的理想，死心不息地抗爭著。

第五章 逆權曙光：六月抗爭

五・七

掀起六月抗爭
序幕的原子筆

電影《1987：逆權公民》曾經提及當年南營洞對共分部的警員，使用水刑拷問，使漢城大學學生朴鍾哲被折磨致死。當時，從對共分部開始，到治安本部、安全企劃部，再到南韓政府，連合起來欲把整件殺人事件掩蓋。只是站在對與錯、明與暗的歷史關鍵時刻，一直默不作聲，甚至助紂為虐的既得利益者，最終決定棄暗投明，誓要把真相公諸於世。

當朴鍾哲死後，不少在檢察廳工作的律師也打聽到朴鍾哲被殺害絕對不是如警方所說的一場意外，《中央日報》記者申成鎬在事故發生翌日，為了打探事件而前往檢察官好友李弘圭的辦公室。

李弘圭當時拿著茶杯，坐在沙發上，說了一句「警察們出大事了！」當時申成鎬已從事記者工作六年，聽到李弘圭這樣說隨即打蛇隨棍上，扮作好像甚麼都知道了似的回應：「就是嘛！最近警察們太囂張了！聽說他是漢城大學的學生？」

李檢察官遂回應：「在南營洞接受警方調查的漢城大學學生已經死亡……」

聽到這兒，申成鎬便趕緊走出辦公室，致電回報館：「部長，接受警方調查的漢城大學學生死了！」後來，為了進一步確定死因，申成鎬還走訪了多個地方，包括訪查漢城地方檢察院的檢察官崔桓，得到一眾人默認朴鍾哲是被警察以水刑拷問致死。到了中午時分，《中央日報》社會部編輯得到總編局局長琴昌泰的支持，把這駭人聽聞的消息刊登在報紙之上，並以「朴鍾哲拷問致死事件」為題作獨家報道，一石擊起千重浪。

還有另一位功不可沒的記者，就是把當時一眾殺死朴鍾哲的警員名單公開的人物。因涉嫌主導1986年5.3仁川事件被捕，於永登浦監獄服刑至1988年2月的前《東亞日報》著名記者李富榮（電影《1987：逆權公民》中由金義聖飾演），在監獄內得知兩名警察因誤殺朴鍾哲而同被收監在永登浦監獄內。

後來，他拜託一位韓姓獄警打聽消息，得知兩位警員只是代罪羔羊；同一時間，被屈殺死朴鍾哲的警員，決定把當時的情況向另一位蘇姓的獄長和盤托出。到了1987年的2月23日，那位獄長忽然叫韓姓獄警把一支原子筆、一疊印著永登浦監獄的原稿紙，還有把那張寫滿了警員自白的證供，一併送進李富榮的囚室（當時，監獄是禁止向囚犯提供紙與筆的）。

花了一整晚，李富榮便把殺死朴鍾哲的真相，寫成一篇詳細的書信，再給獄警轉交給當時在野民主運動代表金正男。

一七六

結果因為這封書信，在同年5月18日，亦即「光州民主抗爭7周年」紀念日，金承勳神父在明洞聖堂的5.18光州犧牲者追悼彌撒上發表了一篇內容為「朴鍾哲拷問致死事件真相被捏造」的講辭，公開了朴鍾哲死亡的真相，也掀起了整場六月抗爭風暴的序幕。

一支原子筆，把真相寫下，最終改寫了韓國民主化的歷史！

一七七

"박종철고문치사사건은 축소·조작이며
정권은 국민을 속였다"
천주교정의구현전국사제단 김승훈 신부

五·二

《如果那天到來》

六月抗爭期間，有一首抗爭之歌讓走上街頭的市民無不受感動。那首歌曲，正是電影《1987：逆權公民》的片尾曲，歌名也與電影的副題一樣——《如果那天到來》（그 날이 오면）。

《如果那天到來》由韓國著名作曲家文勝鉉編寫，是為了悼念韓國工運義士全泰壹而寫的歌。據知，被警察以水刑拷問致死的朴鍾哲生前尤其喜歡此曲，所以它後來便

第五章 逆權曙光：六月抗爭

成為民眾走上街頭
時，經常一起頌唱的
歌曲。

在電影《1987：逆權
公民》結尾時，導演
刻意找來了李韓烈合
唱團把歌曲重新演繹，並配上一系列1987年民眾抗爭的
真實片段。邊看邊聽著這首歌曲，無可否認尤其催淚，
而每次重溫那一小節時，縱然已看了無數次，都會使人
熱淚盈眶，無比感動。

以下是《如果那天到來》的翻譯歌詞：

한밤의 꿈은 아니리 오랜 고통 다한 후에
不是午夜的夢 是久遠的痛苦之後

내 형제 빛나는 두 눈에 뜨거운 눈물들
我的兄弟閃耀的雙眼中 熾熱的淚水

한 줄기 강물로 흘러 고된 땀방울 함께 흘러
隨著江水流下的 一行艱辛的汗水

드넓은 평화의 바다에 정의의 물결 넘치는 꿈
廣闊平和的大海 充滿正義波浪的夢

그날이 오면, 그날이 오면
如果那一天到來 如果那一天到來

第五章 逆權曙光：六月抗爭

내 형제 그리운 얼굴들 그 아픈 추억도
我兄弟們思念的臉龐 與那些痛苦的記憶

아 짧았던 내 젊음도 헛된 꿈이 아니었으리
還有我短暫的青春 都不會是一場虛無的夢

그날이 오면, 그날이 오면
如果那一天到來 如果那一天到來

날이 오면, 그날이 오면
如果那一天到來 如果那一天到來

내 형제 그리운 얼굴들 그 아픈 추억도
我兄弟們思念的臉龐 與那些痛苦的記憶

아 피맺힌 그 기다림도 헛된 꿈이 아니었으리
還有我充滿血淚的等待 都不會是一場徒勞的夢

그날이 오면, 그날이 오면
如果那一天到來 如果那一天到來

到了2020年5月，香港著名填詞人林夕，跟歌手黃耀明攜手合作，把《如果那天到來》配上了廣東話歌詞，改編成《自由之夏》。以下是廣東話版本的歌詞內容：

《自由之夏》　詞：林夕

何止像做了幾十年夢

覺醒原來活於驚恐

如手足失散但所有面容

似水倒映星空

無非用汗血追我逆權夢

還祈求無名氏也認同

如果枷鎖會換取到自由

記憶的傷口痛都不覺痛

若那天出現　也不枉這年

如詩短促青春閃爍若電

如夢仍沒有如煙

能令世界改變的初心不變

你我都未枉命中這一戰

會看到那天　要看到那天

我信有那天

第 六 章
仍在逆權：
地獄朝鮮的控訴

京畿道

江原道

忠清北道

忠清南道

慶尚北道

金羅北道

釜山

慶尚南道

光州

金羅南道

濟州島

地點：首爾

時間：現代

六.二

從盧武鉉自殺看國內矛盾

2009年5月23日清晨，前總統盧武鉉登上烽火山，隨後在懸崖邊跳下自殺身亡，終年62歲。

盧武鉉一生，最為人熟悉的除了他曾經在八十年代不懼強權打壓，敢於在獨裁者面前直斥他們濫權不是的辯護歷史，還有他敢於挑戰韓國兩大對立政治力量的勇氣。

南韓雖然看起來是一個團結的國家，但理解韓國社會內部結構的，也許知道東南與西南一直存在根深蒂固的矛

盾。東南部，韓國人稱為嶺南地區，一向是保守政治的搖籃，多代韓國總統都出身於此。

西南部，韓國人稱為湖南地區，則是崇尚自由民主的抗爭之地，歷史上大部分民眾運動都是啟蒙於此。所以，全羅道與慶尚道之間，其實存在著比實際地域分界更闊的價值鴻溝，每當來自這兩個地區的人談起政見、經濟發展與社會政策時，往往都會吵架收場。

要拉近這兩個地域的感情距離，從來都是韓國人一大禁忌，無人敢碰敢試。然而，盧武鉉就是那個縱然深知失敗機會極大，但仍硬著頭皮勇於衝破兩地格閡的「傻瓜」。

稱為「傻瓜」，是因為他於2000年的國會選舉中，竟然選擇離開他的根據地、位於首爾的鐘路，並以民主派代表的身份空降至保守陣營的釜山地區出選，挑戰兩地僵持甚深的政治格局。在不少從政者眼中，盧武鉉的舉動實在太魯莽，結果他亦如不少批評者所預計敗了選舉，失去議員資格。

促成國民大團結，是盧武鉉從政的一大政治夢想，雖然落空，但他的構思卻在國民心中落下了一顆種子，並終於在他逝世十周年之際的2019年踏出一步。

一直以來被稱為韓國保守派大本營的大邱市，市內都有一條巴士線，行經1960年2月28日大邱市學生發起大規模示威的抗爭場所，包括大邱電子工業高中、2.28中央公園前地等地方。大邱的2.28民主起義啟蒙了全國民眾掀起了後來的4.19革命，推翻了李承晚政府；而行走這條路線的公車號碼就是「518」號，亦即是光州5.18民主抗爭起義的紀念日，實在如命運般巧合。

為了連結兩地為推動民主運動的貢獻，光州市政府決定把原來行走在當年民眾起義歷史地點的公車號碼，從「518」改為「228」，寓意雖然全羅與慶尚兩道的人擁有截然不同的生活文化與口音，但走在為韓國民主付出的路上，他們都是在一起，開出連結嶺南與湖南區的友誼花朵。

六‧二

不分年齡地域
彈劾朴槿惠下台

2017年3月10日，是韓國歷史上最具關鍵意義的一天。

三個月前，韓國國會以234票支持，56票反對，大比數通過總統朴槿惠因涉及「閨密」好友崔順實的干政醜聞而斷送國家民主體制的彈劾議案。就在按韓國憲法規定，彈劾議案轉交憲法法院的特別檢察小組進行調查，經過兩個多月的蒐證與傳召證人以後，八位憲法法院的大法官最終以一面倒的8：0票數，維持國會的原判，通過彈劾總統朴槿惠的議案，使她成為韓國憲政史上首名被彈

劾下台的總統。

早於2016年年底已被舉國上下民眾視為「民主負資產」的朴槿惠，四年多來統領著青瓦台，只懂站在大部分國民的對立面，接連不斷推出有違社會公義的偏執政策。

不論是為她的亡父朴正熙正名去重修歷史教科書，或是實施為財閥加倍欺壓工人福利與勞工保障的重商政策，又或是為了打擊批評她的言論而粗暴干預了新聞機構的編採自由，而且對一班敢言的藝術工作者與演員設立了一張打壓黑名單，甚至在處理世越號沉沒一事上一直未有向公眾解釋為何船隻沉沒七小時後才向公眾露面，都一一展示她視民眾如無物的傲慢態度。

忍無可忍的韓國國民，把民怨轉化為燭光，連續多個月在象徵韓國民主歷史的光化門廣場點燃。最後，這一場「燭光革命」成功凝聚了媲美1987年時那種勢如破竹的民主力量，結果推翻了從朴正熙開始至今天朴槿惠在韓國留下猶如宿命般的獨裁陰霾，撥開雲霧讓韓國人看見久違了的民主青天。

回看憲法法院八位法官就彈劾朴槿惠一案的最終判辭，雖然當中有幾位是出身保守派並由朴槿惠任命的大法官，卻不但未有因狹隘的政治立場而作出偏袒決定，反而公正嚴明地指出朴槿惠縱容崔順實接觸大量政府機密文件，且與藉著兩家由崔順實成立的基金會，以利益交換的方式與三星及現代汽車等財閥合作，一邊提供獻金，一邊則提供政策協助的非法勾結。正如代理憲法法院院長李貞美指明，八位大法官雖然出身不同政治背景，但這一次彈劾要處理的不是「民主與保守」的單純對立，而是更重要的關乎一國之首有否對國家憲法與政府運作擁有基本尊重的操守問題。單是朴槿惠與崔順實二人視韓國法治如無物的舉措，八位大法官已毫無懸念地一致贊成對朴槿惠的政治前途頒下「死刑」，不容許留下

「6：2」或「5：3」等讓朴槿惠可砌詞狡辯、甚至不服法院判決而上訴的機會。

鏡頭從憲法法院一轉，我們在電視畫面看到一大群手持著韓國太極旗、大喊「支持朴槿惠，解散憲法法院」的中年人，他們得悉裁判結果後，把不滿怒火發泄在他人身上。朴槿惠被揭發與崔順實的醜聞以後，韓國社會陷入極度分裂的狀態：反朴的群眾每個周末都會拿著燭光在光化門廣場舉行大型集會；支持朴槿惠的「愛朴會」則同時在反朴集會的隔鄰舉行支持總統的活動。然而，這或許只是畫面帶出的錯覺而已，因為從不同機構的民調結果顯示，所有年齡層贊成彈劾的百分比，都比反對的要多，就算是年長一族的「50後」或以上，贊成彈劾的人數都是穩定地維持過半數的。而且，這種現象也不分

地域，甚至是傳統保守派的政治搖籃慶尚道，贊成彈劾的百分比也在六成至七成間。可見近年韓國政治最叫人擔憂的世代撕裂與傳統地域主義問題，未有在彈劾朴槿惠一事上深化。因而，要重建韓國國民對民主憲政的信心，大可藉法院一面倒的判決與舉國上下贊成彈劾的民情力量，開始修補。

六‧三

收拾爛攤子的
文在寅

彈劾過後，朴槿惠不但成為了韓國前總統，她的照片與家當同樣也不再出現在青瓦台之內。然而因她下台的懸空之位，卻是當下韓國各個政黨最為關心且虎視眈眈的。受朴槿惠醜聞而影響，一切與「保守」有關的政黨與政治領袖，不分是反朴派叛變脫離後成立的「改革保守新黨」，或是原來「新世界黨」再易名的「自由韓國黨」，大多成為被民眾唾棄的對象，他們當中沒有一名政治人物能夠在任何即將舉行的總統大選民調中，取得雙位數的支持度。他們原屬意邀請的聯合國前秘書長潘基文，

又因承受不了政治壓力而忽然退出，剩下來只有代總統黃教安一人選擇而已，但他民望大為落後，是否出選也成疑問。2017年5月，韓國政局從保守派九年多的管治，改朝換代至進步民主派已成大勢所趨，毫無懸念。

一直在民調領先的在野民主派中，有多名具雙位數字支持度的參選人，除了於上屆總統大選落敗給朴槿惠、四年多後捲土重來的韓國最大在野黨共同民主黨的文在寅擁有三成多的支持度以外，其他的參選人大多只能維持在一成至兩成間，如城南市長李在明與「國民之黨」前黨魁安哲秀，能威脅文在寅的機會極為薄弱。眾多人選

中，只有忠清南道知事安熙正的支持度能與同黨的文在寅在最後直路一較高下。

單比較文在寅與安熙正兩人的政策立場，「重建國家」乃是兩人同等重視的大原則，只是從路線上文在寅偏向左翼，決定以更大刀闊斧的方式打擊財閥對韓國經濟的影響力，並且以「大政府」的身段擴大政府開支來製造就業機會；反之安熙正則以中間偏左自居，反對過分民粹並透過改革企業來協助它們應付經濟轉型。無論如何，不分立場，兩人也要迫切處理近年韓國社會最引起民怨的「地獄朝鮮」與「財閥濫權」這兩個燙手山芋問題；而且他們同樣需要在「重建國家」之中，修補因朴槿惠而引起的國會黨派紛爭，讓民眾重拾對政黨的信心，並改變國會等於「沒完沒了對抗」的壞印象。

朴槿惠主政的四年多時間，她為韓國對外關係帶來的衝擊也是比成果更大：朝鮮在一年間兩度進行地下核試，導彈技術卻又在她封鎖對朝鮮擁有重大經濟影響力的開城工業區後不斷進步；此外，在選擇以親北京來牽制朝鮮的外交策略上大為失效，其後又轉與美國合作在國內設置薩德導彈防禦系統以提高保安程度，卻又顧此失彼地讓中韓關係陷入低谷。

最終文在寅當選成為韓國總統後，與中方共同承諾實現半島無核化，薩德系統也以「部分部署，不追加」作結。此外南北韓關係在他偏向主張與朝鮮對話的政策下，加強了兩韓接觸的機會，惟朝鮮外交政策及對南韓的態度陰晴不定，故兩韓的關係仍然處於未明的狀態中。

六‧四

打壓自由的反蒙面法

「反蒙面法」禁止示威者在集會場合上遮掩臉孔，一直備受爭議。支持者都會援引西方不少國家已訂立了相關法律，但事實上，觀乎那些已通過「反蒙面法」的國家，它們禁止民眾在人群聚集的地方戴上口罩，多不是以公眾集會為立例前題。就算是如德國、英國與奧地利的立例情況，也是為了防範過激集會（必須達「暴動」程度）和恐怖襲擊等嚴重危機，才能實施「反蒙面法」，如果不是危害公共安全的集會，蒙面的權利仍受法律保護。

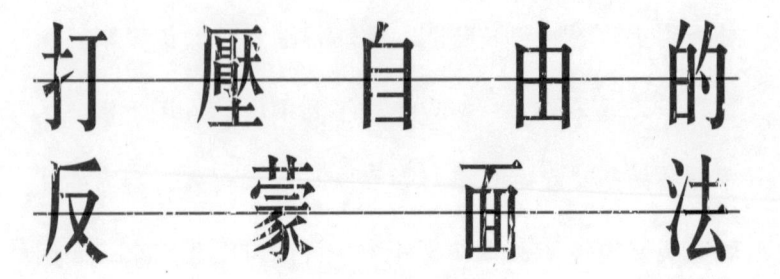

這種應否實施「反蒙面法」的爭議，也曾在韓國社會出現。2015年11月，首爾光化門爆發大規模反朴集會後，時任總統朴槿惠便曾向公眾表示：「這些集會人士，戴上口罩，根本無法認清他們的身份。他們猶如伊斯蘭國的恐怖分子一樣，為社會帶來極大的潛在風險。」當時的執政黨遂連同其他國內的保守團體，呼籲國會必須盡快訂立「反蒙面法」，禁制所有集會者戴上口罩參與示威活動。

此事一出，在向來對人權自由等價值極為著重的韓國社會，當然引起巨大的爭議。有作家嘲笑，若以同等邏輯，保守派主導的政府其實是想透過立法，取締韓國音樂綜藝節目《蒙面歌王》。在一周後舉行的另一場大型反朴示威上，大量集會人士便針對朴槿惠的挑釁言論，戴上不同款式的口罩與電影《復仇者聯盟》及《V煞》的面具，以反對政府限制民眾示威的自由。

不少韓國人權組織亦認為，訂立「反蒙面法」根本難以執行（有網民便諷刺政府是否禁止民眾在霧霾的日子戴上口罩保障健康），二來此舉將會嚴重打擊民眾集會的自由，是讓自由倒退的惡法。再者，韓國憲法法院早於2003年時，便曾落下一個清晰的解說：「集會自由中包括服裝自由」。

所以，政府滿以為禁止民眾在集會場合上戴口罩，便能減少暴力抗爭發生的機會，其實只是本末倒置的錯誤計算。從來解決民怨來源，疏導民情，才是杜絕暴力抗爭的王道。

六·五

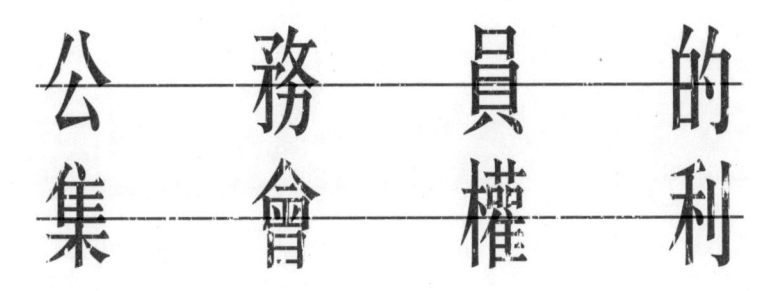

公務員的
集會權利

有言「公務員必須全時間保持政治中立，且不得參與任何政治活動」，其實韓國政府早年前亦就此問題，進行了一場激辯。

就在倒朴運動上，不少任職政府與公營機構的員工，不單表態反對朴槿惠政府，亦有拿著燭光，每周末到首爾光化門廣場參加公民團體舉辦的大型倒朴集會。

當時，有政黨代表表示根據《韓國憲法》的第7條與第31條，公務員除了是全體人民的奉獻者，需對人民負責

外，也訂明公務員的身份和政治中立性，且由法律規定來保障。另外，《國家公務員法》第65條亦即指明公務員必須保持政治中立，不得以公務員的身份或以團體名義參加任何政治組織或以組織名義舉辦的政治活動。

但同一時間，《韓國憲法》亦賦予每一位國民擁有自由參加政治活動與集會的基本權利，而且，有一些韓國法律界人士指出《公務員法》只是限制「公務期間」、「違反公共利益的事情」與「不能專心工作的情況」下，才禁止公務員參加集會活動，若然公務員在工作時間以外和未有影響其履行職務環境下參加集會，仍有其凌駕性存在。

因此，以個人身份在不是履行職務期間以和平合法的姿態參加普通集會，理應上仍屬公務員擁有憲法保障示威

權的範圍內，不算違法。

向來高舉人權，堅持捍衛國民自由的現任韓國總統文在寅，曾於2017年競選總統期間，向公務員與教師提出競選公約，表明會保障公務員擁有的基本政治活動權利，並會修改憲法，釐清公務員在非履行職務期間仍然受憲法保障，有自由參加集會的基本人權。

迄今為止，修憲之路仍然面對著韓國巨大的保守派力量阻撓，有關法規還未有修改，但至少，本著增加民眾自由的韓國政府，仍會站於人民一端，雖未至冒進地完全開放公務員可自由參加政黨，甚至組織政黨等極具爭議的修例，但也不會走向擴大限制民眾自由的方向，或是以恐嚇手腕阻止公務員參加基本集會，表達個人政見。

六‧六

水炮車的殺人威力

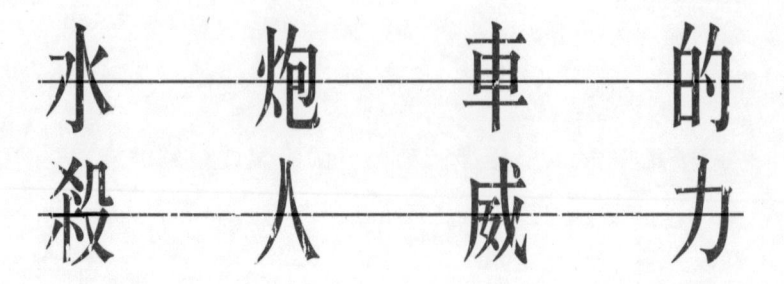

韓國政府在八十年代的獨裁日子，經常以催淚彈來驅散街頭上的示威群眾，最轟動的事件當然是李韓烈之死。踏入民主化，尤其在文人政府上台後，針對集會活動的群眾，韓國政府便陸續放棄以暴制暴的手腕，學會自我管束，減少以催淚彈來處理群眾。隨著1998年金大中上台，他更推出「自制令」，禁止警方針對國民使用催淚彈。雖然催淚彈刺鼻的場面從此不再，但取而代之卻是警方引入大型水炮車，以水炮對抗示威群眾。

動用大型水炮車，首要問題是如何規管警方使用這種武器。韓國法例向來未有主要針對水炮車的規管，一切都是依靠警察內部指引訂明使用水炮車的方法而已。根據指引，使用水炮車驅散民眾時，警員跟民眾的距離至少要於20米之外，不得使用每分鐘轉速高於2000rpm的水炮向示威者胸部以上發射。

只是，在2008年反李明博的集會上，警方便以水炮擊中一名集會人士，使他的耳膜破裂喪失聽力；同一場合亦有一名受水炮射擊的群眾視力受到損傷。到了2011年的另一場反李明博示威中，又有一名牧師被水炮擊中頭部後出現腦震盪。

至 2015 年 11 月 14 日，69 歲的韓國農民白南基參與首爾市中心一場大型反朴示威，以反對時任政府的農業政策。原來的一場和平示威，因政府視之為非法行動，決定即時驅趕所有示威者。站在群眾之中的白南基，在警方驅趕的過程中不幸被推倒，當其他示威者嘗試拉走他之際，警方卻繼續以強力水炮對他猛烈射擊，導致他後腦著地昏迷，頭部嚴重受創。歷經十個月昏迷不醒狀態後，2016 年 9 月白南基宣告傷重不治。

後經調查發現，當時負責執行驅散示威者行動的警察，完全違反了原有的內部指引，先以超過 2800rpm 力量的水炮向白南基攻擊，亦未有跟從規定停止向已受傷的示威者使用水炮，反而向白南基胸部以上位置持續攻擊 20 秒以上，導致白南基不幸身亡。

二〇八

水炮車為示威群眾帶來的最大威脅，是它發射出足以致人於死地的撞擊力。有韓國工程師曾計算水炮力量之大，足以與一輛汽車的撞擊力相比。被它擊中，絕對可以對人體帶來致命傷害。

而且，韓國警方亦會在水炮內加入高濃度的辣椒素與胡椒沖劑。被混入這些元素的水炮猛烈擊中後，縱使戴上面具，也未能完全阻止催淚水流入面具之內，再加上水能滲入衣物上，令催淚水長時間留在身體表面，眼部與皮膚也會受到嚴重灼傷。

因為水炮車的問題，文在寅政府旗下的警察制度改革委員會，決定通過新規定，禁止警方再次以水炮車攻擊民眾，避免不必要的意外再次發生。

第六章 仍在逆權：地獄朝鮮的控訴

從街頭到燭光——

韓國民主化後的民主演變

八十年代的韓國，學生示威活動如雨後春筍般不斷爆發，每當發生示威學生與軍警對峙的場面，為了鎮暴，手執公權力的軍警便會發射數之不盡的催淚彈，希望把人群驅散，結果卻讓市中心長期瀰漫著一股刺眼嗆鼻的催淚煙。而對於生活在那個年代的韓國民眾而言，催淚彈，正是影響他們每天生活的一大部分。

1987年的「六月抗爭」，失去了兩位大學生寶貴的生命；怒火，最終成為凝聚韓國舉國上下數以千萬群眾的感召力量。他們高舉結束獨裁與重建民主體制的旗幟，站在韓國每一個街頭角落高呼吶喊。結果，憑著壓倒性的聲勢，原來牢牢掌控青瓦台權力的獨裁總統全斗煥，也不得不承認改革國家權力體制已是民心所向的大趨勢。最終，1987年6月29日，作為全斗煥欽點總統繼任人的執政黨代表盧泰愚，便宣佈國家將修改憲法，重建總統直選制，讓民眾重獲一人一票選舉青瓦台主人的權利。

就在舉國歡騰之際，人們深知那天只是漫長民主化之路的其中一個里程碑而已。1987年12月舉行的全國總統大選，民主黨派能夠勝出大選，阻止同屬軍方背景的執政

派候選人盧泰愚入主青瓦台，才是真正的關鍵時刻。只可惜，這個萬眾期待的事，最終落空收場。1987年12月17日韓國舉行的第一次總統直選，因為金大中與金泳三兩位同是在野民主派出身的總統候選人未能放下歧見，達成單一化候選人的妥協安排，最終攤分了票源，讓盧泰愚以36.6%的得票率，擊敗了擁有28%與27%票數支持的金泳三與金大中，延續了軍人統治多五年時間。

落空，不代表放棄。五年後的1992年12月，第二屆韓國民主化的總選直選終於成功結束了數十年來韓國軍人統治的政局面貌，由非軍人出身的金泳三當選成為青瓦台的新一任主人，為韓國政局帶來全新面貌。在金泳三執政的五年間，種種在獨裁年代遺留下來的黑暗政治問題，才陸續被瓦解。

金泳三在其任內決定向兩位牽涉到「光州屠城」下達與執行任務的元首與將領，全斗煥與盧泰愚前總統透過特別法展開問責調查。結果，經過半年檢察院傳召二人應訊出庭作證，反覆審問，最終法院以「叛亂、內亂首惡罪」與「叛亂、內亂主要任務從事罪」，判處全斗煥與盧泰愚

死刑與監禁22年6個月，還光州事件一個遲來的公道。

其後這兩位光州劊子手先後因上訴而改判無期徒刑與入獄17年，再因金大中後來當選總統，與金泳三立下協定，宣佈特赦二人達致國民大和解，但卻無阻光州事件在新政府手上取得真正的「平反」。自1997年起，每年的5月18日正式成為國家法定紀念日，政府會於光州的國立紀錄公墓內舉辦悼念會，而光州事件也獲得了國家肯定其對民主發展帶來的正面貢獻。

韓國政府更一一追封曾委身參與光州民主運動的民眾為對國家有功者，給予賠償。只是，罪大惡極的全斗煥至今卻能逍遙法外。他不只毫無悔意，更在其撰寫的回憶錄內，推卸自己的責任。雖然最後法院以其文章內容有違歷史事實，禁其出版，但因其言論而留下的二次創傷，實際上已為不少光州民眾帶來另一道疤痕。

究竟當年是誰下達在光州市中心以直升機向地面市民開槍掃射的命令？還有為何到今天為止，軍方依舊不向公眾交出當年於光州以實彈向民眾開槍時保留的照片與影

片紀錄？這些疑問一日未獲得答案，光州的真相仍然未能完全水落石出，更不能向所有犯罪的人問責。

光州以外，韓國人在金泳三、金大中與盧武炫三位出身自昔日民主抗爭運動在野力量總統帶領的十數年間，成功一步步地走上民主深化的合理道路之上。除了施政更具透明度，公民社會也在這段日子不斷壯大，民間與政府能互相監察，使社會更趨多元發展。

只可惜民主進程從來也不是一列直駛的列車，它亦有倒退轉彎的可能。2007年，韓國國內的保守派力量相隔十數載後回潮，以「推動經濟發展」的口號重新執掌青瓦台，而首任總統李明博在掌權期間肆無忌憚地濫用公權力，不單賄賂相熟財閥，且以向媒體施壓，阻止報道真相的記者在主流媒體工作，並取消有關節目。

到了後來的朴槿惠更大部分時間只站在國民的對立面，接連不斷推出有違社會公義的偏執政策。不論是重修歷史教科書以為她的亡父朴正熙正名，抑或是為財閥擴大欺壓工人福利與勞工保障而實施的重商政策，又或是為

了打擊批評她的言論而粗暴干預新聞機構的編採自由，而且對一班敢言的藝術工作者與演員設立了一張打壓黑名單，甚至在處理「世越號」沉沒一事上一直未有向公眾解釋為何事件發生七小時後才向公眾露面，都展示她一直視民眾如無物、踐踏韓國人以血與汗建立的民主制度的傲慢態度。

最終，因為縱容閨密好友崔順實不法地運用國家特權干預朝政，貪贓枉法，並利用個人的特殊身份賄賂財閥以獲得政治利益，忍無可忍的韓國國民把民怨轉化為燭光，在2016年底至2017年年初，在象徵著韓國民主歷史的光化門廣場，連續23個星期點燃燭光，舉辦反朴槿惠的「燭光抗爭」集會，要求國會通過彈劾朴槿惠總統下台的議案。最後，國會就彈劾案進行表決，在超過數十名保守派議員變節、支持彈劾議案下，以234票贊成，56票反對，成功獲得三分二議員支持，通過彈劾朴槿惠，把她拉下馬。

翌年的3月10日，憲法法院的大法官以八比零一致裁決通過彈劾朴槿惠，成為韓國民主化以來首位被彈劾下台的總統。

韓國珍而重之的民主機制建立於1987年，而對於大部分韓國國民而言，2016年朴槿惠與崔順實的不正當勾結完全摧毀了那些先賢辛苦建立的民主基石，而且，自李明博起至朴槿惠時代，民眾亦相信他們所屬的保守派別亦是導致「國不成國」丟臉境地的源頭。

結果，數以百萬計的國民，自1987年的六月抗爭以後，再次踏上街頭，高舉著「撥亂反正」、「除掉獨裁的殘餘勢力」與「捍衛先賢在1987年建立的憲政民主體制」的旗幟，以和平的方式，每人手拿著燭光，發動群眾力量，感召更多有良知的國民，一同再次站出捍衛民主體制。

就是這股力量，讓韓國人能撥開雲霧，看見久違了的民主青天。

而從2017年開始，韓國人擁有的民主體制，便從昔日的投票制度民主，正式進入深化政經與社會文化的真正民主新時代。

附錄

有關韓國民主抗爭的電影

黑色共和國（그들도 우리처럼）
出品年期：1990
導演：朴光洙
演員：朴重勳 / 文成根 / 沈惠珍

美麗青年全泰壹（아름다운 청년 전태일）
出品年期：1995
導演：朴光洙
演員：洪景仁 / 文成根

薄荷糖（박하사탕）
出品年期：2000
導演：李滄東
演員：薛景求 / 文素利 / 金汝真

孝子洞理髮師（효자동 이발사）
出品年期：2004
導演：林讚相
演員：宋康昊 / 文素利 / 李在應 / 趙勇進

那時候的人們（그때 그사람들）
出品年期：2005
導演：林常樹
演員：韓石圭 / 白潤植 / 宋在浩

逆權大狀（변호인）
出品年期：2013
導演：楊宇碩
演員：宋康昊 / 吳達庶 / 金姈愛 / 郭度沅 / 任時完

南營洞1985（남영동 1985）
出品年期：2012
導演：鄭智泳
演員：朴元尚 / 李璟榮 / 李天熙

金權性內幕（더 킹）
出品年期：2017
導演：韓在林
演員：趙寅成 / 鄭雨盛 / 金亞中 / 裴晟佑 / 柳俊烈

1987：逆權公民（1987）
出品年期：2017
導演：張俊煥
演員：金允錫 / 河正宇 / 柳海真 / 金泰梨 / 姜棟元

南山的部長們（남산의 부장들）
出品年期：2020
導演：禹民鎬
演員：李秉憲 / 李星民 / 郭度沅 / 李熙俊 / 金素真

光州5.18民主運動

噢！夢想之國（오！꿈의 나라）
出品年期：1989
導演：李垠 / 張東洪 / 張允炫
演員：權仁昌 / 金敬善 / 吳芝

復興之歌（부활의 노래）
出品年期：1990
導演：李廷國
演員：李璟榮 / 金永鍵

花瓣（꽃잎）
出品年期：1996
導演：張善宇
演員：李貞賢 / 文成根 / 薛景求

古老的庭院（오래된 정원）
出品年期：2006
導演：林常樹
演員：池珍熙 / 廉晶雅

華麗的假期（화려한 휴가）
出品年期：2007
導演：金志勛
演員：安聖基 / 金相慶 / 李原 / 李準基

26年（26년）
出品年期：2012
導演：曹根賢
演員：晉久 / 任瑟雍 / 韓惠珍

挖土機（포크레인）
出品年期：2017
導演：金基德
演員：嚴泰雄 / 金慶益 / 孫炳昊

逆權司機（택시운전사）
出品年期：2017
導演：張薰
演員：宋康昊 / 湯瑪士・基斯曼 / 柳海真 / 柳俊烈

光州事件之謎：誰是金君？（김군）
出品年期：2018
導演：姜尚宇
紀錄片

如果那天到來——南韓民主化進程
그 날이 오면

作　　者　鍾樂偉
責任編輯　何欣容
書籍設計　五十人
相片提供　YoTube、維基百科

蜂鳥出版
HUMMING PUBLISHING
在世界中哼唱，留下文字迴響。

出　　版　蜂鳥出版有限公司
地　　址　香港鰂魚涌七姊妹道 204 號駱氏工業大廈 9 樓
電　　郵　hello@hummingpublishing.com
網　　址　www.hummingpublishing.com
臉　　書　www.facebook.com/humming.publishing/

發　　行　泛華發行代理有限公司
圖書分類　①社會研究　②文化研究／歷史
初版一刷　2020 年 11 月

定　　價　港幣 HK$118　新台幣 NT$530
國際書號　978-988-79923-8-7